UKRAINE À FRAGMENTATION

ÉDITIONS LA PEUPLADE
415, rue Racine Est — bureau 201
Chicoutimi (Québec)
Canada G7H 1S8
www.lapeuplade.com

DISTRIBUTION POUR LE CANADA
Diffusion Dimedia

DISTRIBUTION POUR L'EUROPE
Librairie du Québec à Paris (DNM)

DÉPÔTS LÉGAUX
Bibliothèque et Archives
nationales du Québec, 2015
Bibliothèque et Archives
Canada, 2015

ISBN 978-2-924519-06-6
© FRÉDÉRICK LAVOIE, 2015
© ÉDITIONS LA PEUPLADE, 2015

.

Les Éditions La Peuplade reconnaissent
l'aide financière du gouvernement
du Canada, par l'entremise du Fonds
du livre du Canada, pour ses activités
d'édition et remercient le Conseil
des arts du Canada, la Société de
développement des entreprises
culturelles du Québec (SODEC) et
le gouvernement du Québec, par
l'entremise du Programme de crédit
d'impôt pour l'édition de livres
du Québec (gestion SODEC), du
soutien accordé à son programme
de publication.

UKRAINE À FRAGMENTATION

Frédérick Lavoie

LA PEUPLADE **RÉCIT**

À Artyom

*et à tous ceux et celles qui
n'avaient rien demandé*

BIÉLORUSSIE

POLOGNE

KI

LVIV

UKRAINE

MOLDAVIE

O|

ROUMANIE

MER N

RUSSIE

KHARKIV

KRAMATORSK

LOUGANSK

DONBASS

DONETSK CHAKHTIORSK

DNIPROPETROVSK

VOLNOVAKHA

MARIOUPOL

ISTHME DE PEREKOP

MER D'AZOV

DÉTROIT DE KERTCH

RUSSIE

CRIMÉE

SIMFEROPOL

SÉBASTOPOL

ARTYOM

ANDREA :
Malheureux le pays qui n'a pas de héros.

[...]

GALILÉE :
Non. Malheureux le pays qui a besoin de héros.

BERTOLT BRECHT

Maintenant je le sais. Quand une pluie de roquettes Grad s'abat autour de soi, on a plus de chance de s'en sortir indemne si on se trouve devant le lieu d'impact d'un projectile plutôt que derrière ou sur les côtés. En percutant la surface selon un angle oblique, la roquette projette ses éclats en suivant ce même angle. C'est logique, mais je n'y avais jamais pensé. Je n'avais jamais eu à y penser. J'ai considéré cette question pour la première fois quand une salve de Grad est venue fendre le ciel de Marioupol, un samedi après-midi de fin janvier. J'étais devant les ruines encore fraîches d'une boutique informatique du marché Kievski. Son propriétaire constatait encore les dégâts. Dans l'allée extérieure, le sol était imprégné du sang d'un client anonyme, tué dans l'une des explosions du matin. Je suis entré en vitesse dans une échoppe pour me mettre à l'abri. Le local était vide, sans meubles ni marchandises. Comme plus tôt, les tirs provenaient fort probablement de l'est. Valait-il mieux me coller au mur de ce côté ? Ou, au contraire, me tenir près de la porte donnant sur l'ouest ? Indécis, je me suis mis en petite boule, quelque part au milieu de la pièce.

Ce que je ne savais pas non plus, c'est que lorsque le bruit de l'attaque s'était rendu à mes oreilles, j'étais déjà en sécurité. Les roquettes Grad voyagent deux fois plus vite que le son. Les artilleurs s'étaient ajustés et avaient atteint leur cible, un barrage militaire à quatre cents mètres au nord, plutôt que le quartier résidentiel où ils avaient fait trente morts quatre heures plus tôt.

Le tir d'artillerie n'est pas une science exacte. Connaître ses lois permet de comprendre les dangers qu'il peut causer, mais guère de s'en protéger. J'ai simplement eu de la chance.

Pas toi.

.

J'ai capté en une photo l'absurdité de tes funérailles. On t'y voit, le front ceint d'un bandeau de prière, reposant dans ton petit cercueil bleu monté sur deux tabourets. Ton lapin en peluche dort à tes côtés. Tes jambes sont tapissées d'œillets rouges. Le cimetière est plongé dans le brouillard. Le sol est recouvert de neige. Le père Mikhaïl vient de nouveau d'interrompre son oraison funèbre. Cette fois, ce ne sont pas les tirs de mortier à proximité qui enterrent sa voix. C'est le boucan d'enfer que font les deux camions armés de lance-roquettes multiples Grad en passant à un mètre à peine derrière lui. Presque tout le monde s'est retourné pour les regarder. Il n'y a que ta grand-mère qui n'arrive pas à décrocher son regard de toi.

Elle t'aura nargué jusque dans ta tombe, cette sale guerre, Tyomotchka. Non, mais quelle ironie. Toi dans ton cercueil. Les larmes de ta grand-mère. L'oraison du prêtre. Et les Grad qui s'amusent à changer de position dans le cimetière. L'arme même à laquelle tu dois ta mort assistant à tes funérailles sans invitation. Des funérailles qui n'auraient pas eu lieu si dimanche matin, pendant que tu déjeunais dans le salon en attendant le retour de ton père de son quart de nuit à la fonderie, un artilleur de l'autre côté de la ligne de front n'avait pas appuyé sur un bouton dans le but de détruire l'artillerie ennemie, celle-là même qui prétendait te défendre et avait eu la bonne idée de se poster près de ta maison, d'où elle tirait vers les positions adverses, atteignant au passage des maisons tout aussi innocentes que la tienne.

Tu es un dommage collatéral, Artyom. Rien de plus, rien de moins. Personne ne voulait ta mort, mais tu es mort quand même. Tu dois te demander pourquoi. Tu étais en plein à l'âge des pourquoi. Alors je vais t'expliquer. Je vais t'expliquer pourquoi le 18 janvier 2015 à 8 h 10 du matin, au 5 rue Ilinskaïa à Donetsk, ta vie a pu être interrompue à quatre ans, quatre mois et quatorze jours par une erreur de trajectoire d'une roquette Grad sans que cela altère le moins du monde le cours de la guerre. Mais je t'avertis tout de suite : aucune de mes explications ne pourra faire taire le flot inlassable de tes pourquoi. Rien de ce que je te raconterai n'aura assez de sens pour satisfaire ta logique pure d'enfant. Car aucun « parce que », aucun argument historique, politique ou militaire, aucun sentiment vertueux de supériorité morale de la part des protagonistes de cette guerre, de toute guerre, ne peut justifier, ne serait-ce que partiellement, l'usurpation de ton droit à la vie. Tu étais innocent et tu l'es toujours. Ils étaient tous coupables et ils le sont encore. Tous ceux qui ont atteint l'âge de la raison et qui continuent malgré tout à applaudir la mort, à nourrir la haine, à propager le faux, à charger les canons et à souhaiter quoi que ce soit d'autre que la fin inconditionnelle des combats.

C'est à toi, Tyoma, que je veux raconter ce que j'ai vu, compris et ressenti en Ukraine, en trimballant mes pourquoi naïfs d'enfant devant la destruction de l'homme par l'homme. Tu ne comprendras pas tout, bien sûr. L'absurde est un concept qu'on ne commence à saisir que vers huit ou neuf ans. Mais au moins, tu n'essaieras pas, toi, de justifier l'injustifiable au nom d'un idéal ou d'un drapeau, d'expliquer la complexité par un simple plan machiavélique de l'ennemi. Tu comprendras peut-être qu'une suite d'événements puisse être logique sans pour autant avoir été planifiée par quiconque en particulier ; que ton pays ait pu migrer de la paix jusqu'à la guerre en l'espace de quelques mois par un bête concours de circonstances que les uns et les autres, aveuglés par mille et une considérations mesquines, n'ont pas su désamorcer. Tu comprendras que la guerre est un piège dans lequel la nature humaine se laisse facilement entraîner.

Il va de soi que tu ne méritais pas de mourir. Tu mérites au moins de savoir ce qui t'a valu la mort.

PARTIE I

LA THÉORIE
DU CHAOS

À cause du clou, le fer fut perdu.
À cause du fer, le cheval fut perdu.
À cause du cheval, le cavalier fut perdu.
À cause du cavalier, le message fut perdu.
À cause du message, la bataille fut perdue.
À cause de la bataille, la guerre fut perdue.
À cause de la guerre, le royaume fut perdu.

Tout cela pour un simple clou.

ADAGE ANCIEN

Chapitre 1
LE SAPIN

Tu ne me croiras peut-être pas, mais tout ça a commencé par une dispute autour de l'installation d'un sapin du Nouvel An à sept cents kilomètres de chez toi. C'était la fin novembre, plus d'un an avant ta mort. Quelques milliers de personnes occupaient *Maïdan Nezalejnosti,* la place de l'Indépendance de Kiev. Ils y avaient installé des tentes. Ils étaient en colère contre leur président. Viktor Ianoukovitch venait de renoncer à parapher un accord d'association et de libre-échange avec l'Union européenne. Comme ça, deux jours avant la cérémonie, après avoir vanté durant des mois les mérites de l'entente. Il estimait maintenant que son entrée en vigueur serait catastrophique pour l'économie ukrainienne. Selon lui, les réformes exigées par l'UE et le Fonds monétaire international en échange de prêts et de l'ouverture des marchés feraient trop mal pour en valoir la peine. Trop mal à ses amis corrompus surtout, mais aussi, il est vrai, aux Ukrainiens ordinaires, à court et à moyen termes. Ces grands chambardements auraient également un coût politique. Ianoukovitch devait penser à sa réélection car, malgré ses travers, l'Ukraine demeurait un pays démocratique. Le *statu quo* était moins risqué.

À ce portrait, il fallait ajouter la Russie, le principal partenaire économique de l'Ukraine. L'idée de voir son voisin s'allier au géant européen l'embêtait au plus haut point. Moscou avait donc menacé Kiev de limiter ses importations et d'imposer de nouvelles taxes sur celles-ci en cas d'accord avec ses concurrents. Puis, à la dernière minute, la Russie avait fait une contre-offre alléchante : un prêt aussi gros que celui des Européens, mais sans les contraintes. Nul besoin de mettre en place une quelconque réforme. L'Ukraine serait sauvée de la faillite pour quelques mois de plus et le président pourrait voguer sans crainte jusqu'à la prochaine élection. Ianoukovitch avait accepté et largué les Européens pour retourner à ses anciennes amours.

Si je t'explique tout cela, Artyom, c'est pour que tu comprennes qu'avant les grands discours patriotiques, avant les armes et les morts, il y avait des colonnes de chiffres et des calculs électoralistes.

La politique est une scène habituée aux coups de théâtre. Il n'y a rien de nouveau dans le fait qu'un gouvernement élu par le peuple renie ses promesses pour de bonnes ou de mauvaises raisons. Mais certaines volte-face sont plus maladroites que d'autres. À minuit moins une, dans un contexte sociopolitique déjà tendu, ce genre de revirement peut se révéler la goutte qui fait déborder le vase des doléances accumulées.

.

Pour que tu comprennes mieux la suite et l'histoire du sapin qui s'en vient, laisse-moi revenir encore plus loin dans le passé.

L'Ukraine actuelle est une construction de l'Histoire. Ses frontières portent les cicatrices des annexions, des conquêtes et des réorganisations administratives effectuées par les empires – austro-hongrois, ottoman, polonais, russe et soviétique – qui se la sont partagée jusqu'à son indépendance en 1991. Conséquemment, le pays est composé d'habitants aux héritages culturels, génétiques, linguistiques et historiques variés. Tes ancêtres, par exemple, sont sans doute arrivés dans le bassin houiller du Donbass en provenance de Russie durant l'industrialisation massive de la région à partir de la deuxième moitié du XIXᵉ siècle. Installés en ville, ils n'ont probablement pas trop souffert durant le *Holodomor*, la grande famine des années 1930, artificiellement créée par le pouvoir soviétique. Ce sont surtout les paysans, principalement d'ethnie ukrainienne, qui ont été décimés par millions lorsque les autorités se sont mises à confisquer leurs récoltes. Staline les jugeait trop nationalistes et trop réfractaires à la collectivisation des terres qu'il avait entreprise. Pour les affaiblir et les mettre au pas, il avait décidé de les affamer.

Durant la Seconde Guerre mondiale, ton arrière-grand-père mineur de charbon a sans doute été appelé sous les drapeaux de l'Armée rouge. Il a même fort probablement combattu les insurgés nationalistes ukrainiens qui cherchaient à chasser les Soviétiques pour recréer un État ukrainien. La seule Ukraine indépendante qui avait existé jusque-là avait duré à peine trois ans, à la fin de la Première Guerre, avant d'être scindée et absorbée à nouveau par les empires voisins. Pour la faire renaître, les insurgés s'étaient brièvement alliés aux nazis, les ennemis de leurs ennemis. Ton arrière-grand-père faisait peut-être partie des soldats soviétiques qui ont ultimement marché sur la Galicie polonaise, peuplée en majorité d'Ukrainiens, pour l'annexer et en faire ce qui est aujourd'hui l'ouest de l'Ukraine.

Le 27 février 1954, moins d'un an après la mort de Staline, il a certainement lu en une de la *Pravda* que le nouveau secrétaire général du Parti communiste d'URSS, Nikita Khrouchtchev, avait décidé de faire cadeau de la péninsule de Crimée, jusque-là russe, à la République socialiste soviétique d'Ukraine. Cette décision administrative ne changeait pas grand-chose à l'époque, puisque l'Ukraine et la Russie faisaient partie du même pays. C'est une fois l'union rompue que les problèmes surgiraient.

En 1991 justement, l'Ukraine devint indépendante. Ce pays, qui n'avait existé que brièvement auparavant et sous une forme bien différente, dut se construire une identité nationale afin de justifier son existence post-soviétique. À l'intérieur de ses frontières habitaient des Ukrainiens, des Russes, des Tatars, des Grecs et bien d'autres peuples. Or, cet État était composé en majorité de citoyens d'ethnie et de langue ukrainiennes ; voilà ce qui le caractérisait. Cette langue était aussi le principal dénominateur commun entre tous les Ukrainiens ethniques, encore divisés un demi-siècle plus tôt entre la Pologne et l'Union soviétique. L'ukrainien serait donc la langue officielle. Dans l'Est, dans le Sud et en Crimée toutefois, la grande majorité de la population était russophone. Même dans la capitale, Kiev, le russe était souvent l'idiome privilégié pour la communication usuelle. Mais l'Ukraine était l'Ukraine et non pas la Russie. Donner un statut au russe, la langue du « colonisateur », de « l'ancien occupant », risquerait de diluer la spécificité du pays. On ne bannirait pas la langue maternelle du tiers des habitants, mais elle ne serait pas non plus reconnue officiellement.

Malgré cela, ta famille, comme la plupart des russophones, choisit de demeurer en Ukraine. De nouvelles frontières étaient apparues sans que fût demandé l'avis de la population. Ta maison n'avait pas changé d'endroit pour autant. Vous continueriez de vivre plus ou moins comme avant. On ne vous empêchait pas de parler russe à la maison, au travail, dans la rue ou même à l'école. Il suffisait de vous débrouiller pour remplir quelques papiers en ukrainien. Tout irait bien : les retraités recevraient encore leur pension, les hôpitaux soigneraient toujours les malades, les mines fonctionneraient, les fonderies aussi. Il y aurait moyen de mettre du pain sur la table et de vivre à peu près comme avant.

Pour une poignée de russophones futés de l'Est, le passage du communisme à l'économie de marché fut même une occasion de s'enrichir grassement. Ils mirent la main sur les joyaux miniers et industriels soviétiques dont le nouvel État ukrainien cherchait à se départir. Ils le firent de manière souvent douteuse, parfois carrément criminelle. Mais ultimement, ce contrôle sur l'industrie lourde donna un grand poids politique à ces nouveaux oligarques sur la scène nationale et, par extension, à l'ensemble de la minorité russophone.

Revenons maintenant à ce mois de novembre 2013. Viktor Ianoukovitch est au pouvoir depuis près de quatre ans. Il est le représentant officieux de ce clan d'oligarques russophones du Donbass, le cœur industriel du pays. Il est aussi perçu comme la marionnette de Moscou. C'est pourquoi sa volonté soudaine de s'allier à l'Union européenne en surprend plus d'un : si même le plus pro-russe des chefs d'État qu'ait connu l'Ukraine depuis son indépendance est devenu pro-européen, c'est donc dire que le pays entier marche à l'unisson vers un avenir occidental.

Mais voilà qu'à la dernière minute, Ianoukovitch change d'idée. Pour les manifestants réunis sur le Maïdan quelques heures après cette annonce, l'Ukraine vient de s'agenouiller une fois de plus devant la Russie. Le président a détruit leur rêve de faire un jour partie de l'« Europe civilisée ». Parmi les participants à l'Euromaïdan – c'est le nom qu'ils donnent à leur mouvement –, on compte des gens d'affaires, qui en ont assez de la petite et de la grande corruptions, et de la bureaucratie à la soviétique dans laquelle est toujours empêtré le pays deux décennies après son indépendance. Il y a des étudiants, qui veulent un diplôme qui aura une valeur hors de l'Ukraine et un passeport qui leur permettra de voyager facilement à l'étranger. Il y a aussi des partisans de soccer radicaux, pour la plupart russophones, mais patriotes de l'Ukraine, chauvins même. Et il y a des nationalistes purs et durs, certains dont les grands-pères ont pris le maquis contre l'armée soviétique durant la Seconde Guerre mondiale. Il y a, en somme, un cocktail de citoyens ukrainiens déçus et en colère. Des gens qui pensaient que le pays se dirigeait enfin vers un avenir meilleur, européen et non russe, démocratique et non autoritaire, indépendant et non soumis, et qui estiment que le président vient tout juste de vendre cet avenir pour quelques dizaines de milliards de roubles russes.

.

J'arrive au sapin.

Chaque année, à l'approche du temps des Fêtes, la mairie de Kiev installe un gigantesque sapin du Nouvel An sur le Maïdan. En fait, il s'agit plutôt d'une structure métallique qui n'a de sapin que le nom et qui ressemble vaguement au conifère. Novembre en est à son dernier jour. Les manifestations sur la place de l'Indépendance durent depuis plus d'une semaine. Les autorités veulent y planter l'arbre artificiel, mais la présence des protestataires les en empêche. Au petit matin, alors qu'il ne reste que quelques centaines de campeurs, les forces antiémeutes entourent le Maïdan. Malgré l'ultimatum, les manifestants refusent de quitter les lieux. À un moment se produit un accrochage. Un policier attaque un manifestant avec sa matraque. Ou peut-être est-ce un manifestant qui lance le premier un objet contondant en direction d'un policier ? Dans un cas comme dans l'autre, le résultat est le même : tout dégénère. Quelques heures plus tard, les blessés se comptent par dizaines. Le pays est sous le choc. Depuis l'indépendance, les manifestations s'étaient toujours terminées pacifiquement. Il y avait bien eu quelques altercations et arrestations, mais jamais une violence d'une telle ampleur. Lors de la révolution orange en 2004 – le plus grand mouvement citoyen qu'avait connu ton pays jusque-là –, les manifestants et le pouvoir avaient fini par trouver un compromis : l'élection frauduleuse avait été annulée et on avait tenu un nouveau scrutin, que le candidat acclamé par la rue avait remporté. Après des semaines de bras de fer, tout le monde était rentré chez soi, la tête haute ou basse, sans une égratignure. Cette fois-ci, la violence vient brouiller les pistes de sortie de crise. Tout ça parce qu'il était soi-disant urgent d'installer un sapin artificiel sur la place centrale du pays pour que des enfants comme toi puissent aller l'admirer et y rencontrer le *Ded Moroz*[1]. Je sais, quand on connaît la suite des choses, quand on sait ce qui t'est arrivé, la gravité de ce drame national paraît exagérée. Mais l'escalade doit bien commencer quelque part.

.

Selon les principes de la théorie du chaos, une modification infime des conditions initiales dans un système non linéaire peut entraîner des résultats imprévisibles et tragiques à long terme. Si chaque battement d'ailes d'un papillon ne conduit pas au développement d'une tornade, il est néanmoins théoriquement possible que l'un d'eux produise le déplacement d'air à l'origine d'une telle perturbation atmosphérique.

Dans le système non linéaire qu'est l'Ukraine, l'incident violent autour du sapin a agi comme l'infime modification de la situation sociopolitique nécessaire pour déclencher les hostilités.

Un papillon vient de battre des ailes. Un peu de sagesse pourrait encore freiner la catastrophe, remettre

---

1. Le « père Gel » est l'équivalent soviétique du père Noël occidental.

les éléments en ordre. La formation de la tornade peut encore être évitée.

Comme tu le sais, elle ne le sera pas.

À cause du sapin, la paix fut perdue.

Chapitre 2
LA RÉVOLUTION

Il n'est pas rare, un peu partout dans le monde, que des manifestations tournent à l'affrontement et fassent des blessés ou des morts. Parfois, les scènes de violence se répètent pendant quelques jours avant que, finalement, les leaders de la protestation s'assoient avec le gouvernement et trouvent un terrain d'entente. À d'autres occasions, le mouvement s'essouffle de lui-même, soit parce que la ferveur populaire s'est estompée, soit parce que les manifestants craignent une répression encore plus sévère des autorités s'ils osent les braver de nouveau. Plus rarement, la rue en vient à renverser le gouvernement et à prendre le pouvoir.

L'incident autour du sapin du Nouvel An aurait pu demeurer un épisode isolé. Pourquoi n'en fut-il pas ainsi ? Pourquoi cela mena-t-il plutôt à une révolution, et à une guerre ?

Si tu leur demandais à *eux*, ils t'offriraient chacun exactement la même réponse : « C'est l'Autre qui a commencé. Il préparait son coup depuis longtemps. Il exécute un plan aux objectifs bien précis. Nous, nous ne faisons que nous défendre. »

Au risque de te décevoir, Tyoma, la réalité est beaucoup plus banale que leurs fantasmes manichéens. Si ton pays s'est enfoncé dans cette spirale, c'est parce que des humains ont réagi en humains à des événements qui les dépassaient ; c'est parce que, aveuglés à la fois par leurs peurs et leurs idéaux, ils n'ont pas su prédire les conséquences de leurs actes. Leur euphorie fut de courte durée et le résultat, pire que le pire de leurs cauchemars.

.

Quelques heures après l'affrontement du dernier jour de novembre, la structure métallique du sapin trône déjà sur le Maïdan. Les tentes ont été démantelées, les manifestants sont en détention ou à la maison. Tout pourrait se terminer ainsi, par la victoire de la répression. Certains braves oseraient peut-être sortir une dernière fois défier les matraques féroces d'un régime plus intransigeant que jamais, mais la majorité froussarde resterait bien au chaud chez elle. Sauf qu'au lieu d'entretenir la terreur, le président Ianoukovitch la désamorce avec cette surprenante réaction : il s'excuse auprès des manifestants blessés, condamne la brutalité policière et promet que de tels excès ne se reproduiront plus. L'acte de contrition n'apaise pas les tensions. Il donne un second souffle à la colère.

« Le régime a reconnu sa culpabilité ! Finissons-en avec lui ! »

J'aimerais vraiment pouvoir te dire qu'il en est autrement en ce bas monde, Artyom, que les *mea culpa* endiguent la haine plutôt que de l'encourager. Mais lorsque les esprits sont échauffés, une faute avouée n'est pas à demi pardonnée. Elle se retourne la plupart du temps contre celui qui l'a reconnue, à défaut d'avoir voulu ou su l'empêcher.

Le lendemain, les protestataires sont plus nombreux que jamais à se réunir au centre-ville de Kiev. La répression les a enragés. Les excuses de Ianoukovitch leur font croire qu'il n'osera pas recourir une seconde fois à la force. Le pouvoir a reculé, ils avanceront. Ils occupent à nouveau le Maïdan, et même la mairie de Kiev. Les policiers ont l'ordre d'intervenir au minimum. Après des heures à ronger leur frein, ils finissent par passer à l'action lorsque les manifestants tentent de marcher sur l'administration présidentielle. À la fin de la journée, l'Euromaïdan a regagné le terrain perdu et même conquis quelques autres centaines de mètres carrés du centre-ville.

Durant les semaines suivantes, entre les accalmies, le même modèle de confrontation se répète. L'accumulation croissante de rancœur et de reproches rend chaque nouveau cycle plus violent que le précédent : la rue proteste. Le pouvoir patiente en espérant l'essoufflement, puis s'impatiente et trouve un prétexte pour réprimer. Un sapin, l'adoption d'une loi empêchant les rassemblements, un affront des manifestants, une mesure « antiterroriste ». La rue se scandalise. Le pouvoir s'excuse et tend maladroitement la main au mouvement. Des politiciens d'opposition vont négocier au nom de la rue. Ils arrivent à une entente avec le pouvoir. Or, ces politiciens ne représentent pas la rue. La rue refuse d'être dirigée. Elle ne veut pas d'une autre révolution orange populo-politicienne comme celle d'il y a neuf ans. Elle sait désormais qu'une fois au pouvoir, les politiciens trahissent inévitablement les idéaux de la révolution et adoptent les mœurs corrompues de l'ancien régime. La rue jure que cela ne se répétera pas. C'est pourquoi elle rejette les têtes dirigeantes. Sauf qu'acéphale, la rue n'est qu'un cœur. Elle est sourde aux appels de la raison, ignore les considérations stratégiques. Même lorsque le pouvoir consent à la plupart de ses exigences, elle refuse de plier. Elle n'est prête à aucune concession. La lutte devient une fin en soi. La rue s'exprime en chants et en slogans.

« Gloire à l'Ukraine ! Aux héros la gloire ! La liberté ou la mort ! »

Rapidement, les voix des plus extrémistes enterrent celles des plus modérés. Le patriotisme se mesure en décibels et en degrés de bravoure. Lorsque ces groupuscules de téméraires décident d'agir, personne ne peut les en empêcher. Ils sont minoritaires par rapport à la marée pacifiste, mais ils mènent le bal. Ils poussent la rue à défier encore plus le pouvoir, qui répond avec une répression encore plus dure. En janvier, le niveau de violence monte d'un cran. Les policiers commencent à sortir leurs armes à feu et à les utiliser. Les manifestants ajoutent des cocktails Molotov à leur arsenal de bâtons et de briques. À chaque nouvel affrontement, ce que le pouvoir perd en légitimité, la rue le gagne en radicalité. C'est David qui refuse les compromis, mais c'est Goliath, ultimement, qui écrase plus faible que lui. Les blessés deviennent des morts. Les morts deviennent des héros. Le président élu, un « dictateur ». Les manifestants, des « terroristes ». Depuis l'épisode du sapin, la rue et le pouvoir communiquent seulement par la violence. L'impasse est totale. La confrontation atteint son paroxysme à la mi-février. Pour cette bataille, les policiers ne sont plus seuls avec des fusils dans les mains. Quelques manifestants en sont pourvus. Les combats durent quatre jours. Puis le matin du cinquième, plus rien. Kiev se réveille dans le silence. Des dizaines de corps jonchent les pavés du centre-ville. Les armes se sont tues. Les unités antiémeutes ont quitté la capitale. Le président a fui. La rue a gagné.

.

La chute d'un régime est souvent moins attribuable à une victoire directe d'un mouvement de protestation qu'à l'écroulement de l'intérieur du pouvoir.

Quelques heures avant de fuir, Ianoukovitch convoqua les leaders de l'opposition politique à de nouveaux pourparlers. Des ministres européens assistaient à la séance en tant que médiateurs. L'heure était grave. La stabilité du pays était menacée plus que jamais. Le président avait été en bonne partie l'artisan de son malheur et cherchait maintenant à réparer les pots cassés. Ce comportement était récurrent chez lui. Viktor avait connu une jeunesse difficile. Il avait grandi dans un monde où l'usage des poings forçait le respect. Il avait passé deux ans et demi derrière les barreaux pour vol, coups et blessures. Depuis toujours, sa réaction spontanée devant une crise avait été d'écraser son adversaire. Or, il n'était plus un petit truand de province. Il était le chef d'un État démocratique aux ambitions européennes. Dans cet univers, le respect se gagnait autrement.

Croyant encore pouvoir prouver sa bonne foi, il consentit à plusieurs des exigences de ses vis-à-vis à la table de négociation. Il accepta de modifier la Constitution pour réduire ses propres pouvoirs, de former un gouvernement d'union nationale et de tenir des élections anticipées. Mais la concession qui conduisit à sa perte fut autre : il donna le feu vert à une enquête qui viserait à arrêter et à juger les policiers responsables du massacre des derniers jours. Pour survivre politiquement, il était prêt à sacrifier ses plus fidèles alliés, ceux-là mêmes qui le défendaient depuis trois mois au péril de leur vie. Naïvement, il s'était imaginé que ce énième compromis allait calmer les manifestants et lui rendre sa respectabilité. Et encore plus naïvement, il semble avoir cru que ses protecteurs dévoués continueraient à le défendre alors qu'il s'apprêtait à les donner en pâture à une foule assoiffée de vengeance.

Apprenant la trahison de Ianoukovitch, les policiers comprirent qu'ils devaient désormais penser à sauver leur peau plutôt que la sienne. Si le président restait en poste, ils seraient jugés et condamnés. Et si la rue l'emportait, ils le seraient encore plus sévèrement. Ils quittèrent donc brusquement la capitale pour aller se réfugier dans des régions plutôt antipathiques à l'Euromaïdan, comme la Crimée et le Donbass.

Quand les forces de l'ordre eurent déserté l'administration présidentielle et cessé de garder la résidence du chef de l'État en banlieue de Kiev, celui-ci n'était plus en sécurité nulle part. Il ne lui restait plus comme option que de fuir à son tour vers l'est du pays et, ultimement, vers la Russie.

•

Pendant ces trois mois révolutionnaires, ton père a continué à se rendre chaque jour à son travail à la fonderie. L'avenir du pays se jouait loin de là, à Kiev, dans un périmètre de quelques kilomètres carrés abritant le Maïdan, le Parlement, le Conseil des ministres et l'administration présidentielle. Chez vous, à Donetsk, il y avait eu durant cette période quelques manifestations pro et anti-Euromaïdan. Mais, éloignées des centres de pouvoir, elles ne pouvaient influencer que minimalement le cours des événements. Périodiquement, le Parti des régions de Ianoukovitch faisait sortir ses partisans devant la statue de Lénine, sur la place éponyme. Plusieurs d'entre eux étaient payés pour participer à ces rassemblements et des fonctionnaires étaient carrément contraints d'y faire acte de présence. Néanmoins, l'inquiétude de tes parents et de millions d'autres à l'égard de ce qui se passait sur le Maïdan de Kiev n'était pas fictive. L'heure n'était simplement pas encore assez critique pour qu'ils exhibent leur crainte dans la rue. D'autant plus que s'ils appuyaient Ianoukovitch, c'était moins par amour que par défaut. Sa bande et lui étaient corrompus, tout le monde le savait, mais ils demeuraient les défenseurs sur la scène politique nationale des intérêts des russophones, mineurs, métallurgistes, retraités et oligarques du Donbass.

Plus la violence des affrontements dans la capitale augmentait, plus la préoccupation des habitants de ta ville grandissait. Les chaînes de télévision russes, leur source d'information principale, montraient *ad nauseam* ces quelques ultranationalistes aux affinités néonazies en première ligne des combats sur le Maïdan. Ils étaient très minoritaires, mais ils étaient aussi très radicaux et déterminés à arriver à leurs fins. Qu'arriverait-il si jamais ils prenaient le pouvoir ?

Quand l'Euromaïdan a finalement renversé le président, cette question n'avait plus rien d'hypothétique.

Le pire devenait possible. Pendant que des millions d'Ukrainiens célébraient la victoire de la révolution, des millions d'autres chez toi dans le Donbass, mais aussi dans le sud du pays et en Crimée, étaient sceptiques. Ils demandaient à être rassurés. Ils ne comprenaient pas : de quel droit ces manifestants avaient-ils chassé un président certes corrompu, mais élu démocratiquement ? Pour eux, il s'agissait ni plus ni moins que d'un coup d'État.

Nous pourrions écouter durant des heures les arguments des uns et des autres à ce sujet. Les révolutionnaires te diraient que Viktor Ianoukovitch a vu son droit moral de gouverner commencer à s'effriter le jour où une première matraque s'est abattue sur la tête d'un manifestant en novembre, et qu'il l'a perdu pour de bon lorsqu'un premier protestataire a été tué par balle en janvier. Pour eux, le président avait désormais les mains tachées du sang de son peuple. Celui-ci avait le devoir patriotique de le faire tomber pour sauver l'État ukrainien de la dictature. Les partisans de Ianoukovitch répondraient pour leur part que le président remplissait ses obligations morales et légales en empêchant par tous les moyens des putschistes d'usurper le pouvoir de manière anticonstitutionnelle. C'était Ianoukovitch qui essayait de sauver l'État ukrainien, pas les révolutionnaires. Il avait même proposé à plusieurs reprises des compromis aux mécontents, qui les avaient toujours refusés.

Bref, chacun d'eux trouverait moyen d'avoir raison. Ils brandiraient à tour de rôle une panoplie de lois pour plaider leur cause et rempliraient les trous légaux dans leur argumentaire en faisant appel à la vertu et au sens commun. Mais *a posteriori*, ils auraient tous tort. Car, pendant qu'ils accusaient l'Autre et s'efforçaient de prouver leur légitimité, ils n'essayaient pas d'empêcher la catastrophe qui se dessinait à l'horizon.

La révolution avait fait perdre à l'Ukraine son équilibre. Le pays était divisé plus que jamais. Des gestes irréparables avaient été commis. Des citoyens étaient morts. La violence avait été utilisée comme arme politique. Ce dont le pays avait besoin, c'était d'un dialogue national, de mains tendues, d'un apaisement. Les prochains jours allaient être cruciaux. Et eux, à ce moment précis, ce qu'ils souhaitaient plus que tout, c'était avoir raison.

Malheureusement, Tyoma, dans les grands moments, les hommes se révèlent souvent bien petits.

À cause de la paix, l'équilibre fut perdu.

Chapitre 3
LE VIDE ET LE PLEIN

Je ne crois pas exagérer en te disant que l'avenir de l'Ukraine post-révolutionnaire – et le tien par extension – s'est joué en une fin de semaine de février. Le vendredi soir, le président quittait la capitale. Le lundi matin, le vide laissé par son départ avait été comblé. Entre les deux, le nouveau pouvoir s'était affairé à concrétiser les craintes de ceux qui se méfiaient de lui.

Le samedi 22 février 2014, les manifestants franchissent les portes en fer de l'administration présidentielle sans rencontrer de résistance. Pendant ce temps, à deux coins de rue de là, les parlementaires se réunissent pour une session extraordinaire. Les rares députés du Parti des régions présents, jusque-là fidèles au chef de l'État, se rangent du côté des révolutionnaires.

« Gloire à l'Ukraine ! Aux héros la gloire ! »

Le Parlement destitue Ianoukovitch sous prétexte qu'en fuyant la capitale, il a volontairement abandonné son poste. (Le président affirme pourtant de son côté que son voyage impromptu à Kharkiv est lié à ses fonctions.) Les députés de l'opposition prennent le pouvoir. Ils promettent d'honorer les idéaux de l'Euromaïdan, rebaptisée « Révolution de la dignité ». Un gouvernement et un chef d'État intérimaires sont choisis.

Techniquement, il n'y a pas eu de coup d'État, mais une simple réorganisation du pouvoir entre élus.

Les parlementaires se lancent dans un marathon législatif. Une loi à la fois, ils cherchent à empêcher toute possibilité de retour en arrière.

Ils effacent le passé. L'étoile rouge soviétique qui orne encore l'édifice où ils siègent est démontée le jour même.

Ils vengent les morts. Les *Berkout*, forces anti-émeutes qui ont combattu les protestataires avant de fuir la capitale il y a quelques heures, sont démantelés.

Ils se font justice. Ils votent la libération immédiate de l'ancienne première ministre Ioulia Timochenko, l'ennemie jurée de Ianoukovitch, détenue depuis deux ans et demi pour malversation et abus de pouvoir.

Le lendemain, dimanche 23 février, alors que le marathon se poursuit, un député nationaliste se lève. Il attendait ce moment depuis longtemps. Il propose la révocation de la loi sur les langues, adoptée dix-huit mois plus tôt dans la controverse. En vertu de cette loi, le russe détenait le statut de langue régionale là où il était parlé par plus de 10 % de la population. Pour la première fois depuis l'indépendance, les russophones comme ceux de ta famille avaient vu leur langue maternelle reconnue. Et voilà que vingt-quatre petites heures après le changement de pouvoir, ils s'apprêtent à perdre cette maigre reconnaissance.

POUR **232**
CONTRE **37**
ABSTENTION **2**
N'ONT PAS VOTÉ **63**

« Projet adopté ! »

En votant, les députés favorables ont l'impression de simplement rétablir la loi qui avait cours durant les vingt et une premières années d'existence du pays. Certains comprennent peut-être la haute valeur symbolique du geste, mais ils n'en ont visiblement pas mesuré les conséquences potentielles. L'euphorie de la victoire est une drogue qui altère la perception du danger.

Imagine la réaction de tes parents.

Ce soir-là, ils regardent probablement la télévision. On leur annonce toutes les décisions que le Parlement hyperactif a adoptées durant la journée. Parmi celles-ci, ils retiennent surtout que les députés ont révoqué la loi sur les langues, qui leur donnait accès à des services publics en russe. Normal. Cette mesure les touche directement, plus que toutes les autres. Vous parlez russe à la maison, ton père à la fonderie, leurs amis et vos voisins sont russophones. Ils sont allés à l'école en russe. À Donetsk, ils font leurs courses en russe. Leur langue maternelle est ce qui les distingue de la majorité ukrainophone qu'ils côtoient peu, puisque dans votre ville, elle est une minorité. Tes parents se rappellent alors une fois de plus ces reportages sur les néonazis du Maïdan. Certains se réclamaient d'ancêtres qui s'étaient alliés aux fascistes pour combattre les tiens durant la Seconde Guerre mondiale. Maintenant, les descendants de ces nationalistes ont pris le pouvoir après des affrontements violents. Et à peine en place, alors qu'il y a tant de décisions importantes à prendre pour s'attaquer aux problèmes urgents qui menacent le pays, tant de mesures à instaurer afin d'assurer un meilleur avenir pour tous les citoyens ukrainiens, ils s'empressent de faire disparaître l'un des seuls acquis politiques de la minorité russophone. Tes parents, tes voisins, des régions entières conjecturent les pires scénarios. Ces ultranationalistes les feront-ils payer pour les crimes du président déchu, qui défendait leurs intérêts ? Empêcheront-ils les descendants des soldats de « l'armée d'occupation » soviétique d'honorer le sacrifice de leurs grands-pères ? Cette histoire d'abrogation de la loi sur les langues est le premier pas vers la fascisation du pays, se disent-ils. Le symbole est trop fort pour n'être qu'une coïncidence. Il faut réagir avant qu'il ne soit trop tard.

.

Quand une nation navigue en eaux troubles, dans un moment décisif de son histoire, il arrive qu'un leader émerge et se charge de la guider à bon port. Sa finesse d'esprit, sa capacité d'empathie, sa vision rassembleuse, son esprit de justice et sa force morale arrivent à redresser une embarcation qu'un peuple déchiré, en proie à ses instincts les plus primaires, était en voie de faire chavirer. Mohandas K. Gandhi, Martin Luther King, Nelson Mandela, Václav Havel. Ils ont été peu nombreux à émerger au bon moment pour prévenir la catastrophe. Le plus souvent, les nations sont laissées à elles-mêmes ou, pire, entre les mains de chefs aussi mesquins et revanchards qu'une foule extatique devant un condamné qu'on amène à la potence.

La Révolution de la dignité n'a pas vu se lever de leader digne de son appellation et de ses ambitions les plus nobles. Les vainqueurs ont agi avec l'arrogance naturelle des victorieux. Dès qu'ils ont pu, en quelques pressions de bouton au Parlement, ils se sont empressés de satisfaire leur soif de vengeance. Sauf que les « perdants » qu'ils voulaient punir habitaient à l'intérieur des frontières de leur pays. Ils étaient des citoyens ukrainiens à part entière. Même si leur intention n'était pas de les châtier – les révolutionnaires te le jureront –, c'est ainsi que leur geste a été perçu par ceux qui en écopaient.

Et dans les heures troubles, les perceptions comptent plus que les intentions. Très vite, la douce satisfaction de la revanche coûtera au pays son unité.

À cause de l'équilibre, l'unité fut perdue.

Chapitre 4
LA PÉNINSULE

La péninsule de Crimée est rattachée à l'Ukraine au nord par l'isthme de Perekop, une mince bande de terre qui fait entre cinq et sept kilomètres de largeur selon les endroits. À l'est, elle est séparée de la Russie par le détroit de Kertch, large de trois à treize kilomètres. En 1954, pour le tricentenaire de l'union russo-ukrainienne, le pouvoir soviétique a offert la Crimée en cadeau à la République socialiste soviétique d'Ukraine. La décision, essentiellement administrative, avait été prise « considérant l'intégration économique, la proximité territoriale et les liens économiques et culturels [2] » entre la péninsule et l'Ukraine. Avant cela, durant cent quatre-vingts ans, la Crimée avait fait partie de la Russie. L'impératrice Catherine II l'avait conquise lors d'une guerre contre l'Empire ottoman, qui contrôlait la péninsule depuis trois siècles et demi. Avant les Turcs, il y avait eu les Grecs. Et avant les Grecs, bien d'autres occupants. Au milieu du XIXe siècle, les Français et les Britanniques étaient venus combattre aux côtés des Ottomans qui

---

2. Oukase du Présidium du Soviet suprême d'URSS, 19 février 1954.

tentaient de reconquérir leur péninsule. Quelques centaines de milliers de morts plus tard, les trois alliés gagnaient la guerre, mais la Crimée restait russe.

Tout ça pour te dire que bien des gens sont morts au combat à travers les âges pour cet appendice stratégique sur la mer Noire.

Quand l'Union soviétique s'est désintégrée en 1991, la Crimée est automatiquement devenue une région de l'Ukraine indépendante. Et ce, même si une bonne partie de sa population, probablement une majorité, se considérait comme russe. Pas simplement russophone, mais russe. La mère patrie, c'était la Russie. Si on avait donné à ce moment-là le choix aux Criméens d'intégrer la Russie ou l'Ukraine, il y a fort à parier qu'ils auraient opté pour la première. Il y avait toutefois une communauté en Crimée qui se réjouissait de ne plus jamais avoir affaire à Moscou : les Tatars. À la fin de la Seconde Guerre mondiale, Staline les avait déportés vers l'Asie centrale dans des wagons de marchandises, les accusant d'avoir collaboré avec les nazis. Ils n'avaient pu retrouver leur patrie que durant les années 1980 et y étaient revenus par dizaines de milliers. L'Ukraine indépendante était le mieux qu'ils pouvaient espérer et la Russie, le pire.

Peu importe les désirs des uns et des autres. Le démantèlement de l'empire s'est déroulé derrière des portes closes. Il est revenu à quelques hommes d'assigner un sort à des millions d'autres. Leurs décisions n'étaient pas sans reproches, mais ils ont cherché tant bien que mal à réduire au minimum les conséquences d'un processus au potentiel déjà ultra-explosif. Il fallait faire simple. Et le plus simple était que les quinze républiques soviétiques se transforment en quinze États indépendants, tout en conservant leurs frontières administratives.

Les Criméens n'ont pas rechigné trop fort à ce moment-là. Ils ont timidement proclamé la souveraineté de leur république autonome, tout en précisant qu'elle restait partie intégrante de l'Ukraine. Leur modération leur a permis de ne pas sortir trop mal en point de cette période d'incertitude. En tout cas, en bien meilleur état que les Tchétchènes, les Transnistriens ou les Abkhazes par exemple, qui ont essayé de redessiner les frontières postsoviétiques au prix de milliers de morts, blessés et déplacés. La Crimée paisible a ainsi pu demeurer la destination de villégiature préférée des Russes, des Ukrainiens et des autres ressortissants de l'ex-empire.

Durant les deux premières décennies sous l'Ukraine indépendante, quelques politiciens de Crimée et de Russie ont tant bien que mal cherché à détacher la péninsule de Kiev pour l'ancrer à Moscou. Mais il n'y avait rien à faire. La Constitution ukrainienne ne prévoyait pas le droit des entités qui la composaient de faire sécession. Et la Russie s'était engagée à ne pas remettre en question les frontières héritées de l'URSS.

Quoi qu'en pensassent les Criméens, le *statu quo* était préférable pour tout le monde.

Tu me pardonneras une si longue introduction pour un si petit bras de terre. C'est que l'Histoire est une matière hautement friable et il faut bien la connaître pour saisir comment chacun s'amuse à en manipuler les fragments afin de construire une version qui sert ses intérêts.

.

Le jour même où le président Ianoukovitch quitte Kiev pour ne plus y revenir, un homme arrive en Crimée. Il parle d'un ton calme, sans émotion. Il a quarante-trois ans, la moustache et les cheveux grisonnants. Il vient de Moscou. Qui l'envoie ? Est-il en mission officielle pour les services secrets russes ? Ou serait-il venu de son propre chef ? Il ne le révèle pas. « Je dis la vérité ou bien je me tais[3] » est sa devise. Pour l'instant, il préfère rester discret. Il n'apparaîtra en public que deux mois plus tard, à six cent cinquante kilomètres de là, pas très loin de chez toi, en tant que commandant en chef d'un groupe rebelle. Il se présentera alors au journaliste de la *Komsomolskaïa Pravda* sous son nom de guerre : Igor « Strelkov », le « tireur ».

---

3. Entretien avec le site d'actualité russe *Svobonaïa pressa*, 11 novembre 2014.

Igor Guirkine – de son vrai nom – est un passionné d'histoire. En temps de paix, il participait à des reconstitutions des grandes batailles de la guerre civile russe. À l'université, il se destinait à une carrière d'historien. Mais plutôt que de se contenter d'étudier l'Histoire, il a décidé de l'*écrire*.

Le 15 juin 1992, le jeune Igor terminait ses études à l'Institut d'État d'histoire et d'archives de Moscou. Le lendemain, il montait à bord d'un train pour Tiraspol. L'URSS venait de se désintégrer. Des russophones de la région de Transnistrie, en Moldavie, menaient une insurrection sécessionniste. Igor est venu leur prêter main-forte. Pas uniquement pour les sensations fortes, et encore moins pour l'argent. Il était en Transnistrie pour faire avancer une idée. Igor était monarchiste. Il voulait voir ressusciter l'Empire russe du temps des tsars. Il regardait des cartes du XIXe siècle et rêvait d'une Europe découpée comme elle l'était à l'époque.

Les séparatistes transnistriens ont crié victoire un mois après son arrivée. Trop rapidement pour lui. Il a pris goût aux combats. Il a tourné son regard vers la Yougoslavie, qui venait aussi d'imploser. Avec des camarades russes, il a joint les milices serbes pour en découdre avec les musulmans de Bosnie. Il était dans les Balkans pour défendre le panslavisme, l'unité des Slaves orthodoxes, une extension de son rêve impérialiste. À son retour en Russie, il s'est enrôlé dans les services de sécurité. Il voulait continuer à servir la cause russe. Dans le Caucase, des Tchétchènes avaient pris les armes pour obtenir leur indépendance de Moscou. La Grande Russie était en voie de perdre l'un de ses territoires. Deux fois plutôt qu'une, il a participé à écraser les rebelles.

C'est avec ce bagage militaire, cette vision du monde et cet enthousiasme belliqueux que Strelkov arrive en Crimée en ce 21 février 2014. Il comprend qu'un moment historique se profile ; une occasion de profiter de la confusion pour réaliser un rêve fou. Dans quelques heures, une « junte fasciste » prendra le pouvoir à Kiev à l'issue d'un « coup d'État ». Les Criméens auront peur. Ils chercheront de l'aide. Strelkov veut contribuer à les sauver et à les ramener à la maison, dans la Grande Russie impériale.

.

À Simferopol, la capitale de la Crimée, la révolution à Kiev déclenche des manifestations concurrentes. Les Criméens russes prennent la rue pour rejeter haut et fort le nouveau gouvernement « fasciste ». Les Tatars sortent aussi, mais en brandissant des drapeaux ukrainiens, en appui au pouvoir.

Dans les jours qui suivent la fuite de Ianoukovitch, des hommes en treillis apparaissent comme par magie dans les rues de la péninsule. Ils sont encagoulés, lourdement armés et ne portent pas d'insigne. Ils se présentent tout d'abord comme des membres des milices citoyennes d'autodéfense tout juste formées par quelques Criméens pro-russes. Mais le mensonge ne leurre personne. Ces « petits hommes verts », comme on les surnomme rapidement, sont trop bien équipés pour n'être que de simples volontaires locaux. Il suffit d'un peu d'insistance des caméras pour que l'un d'eux révèle ce que tout le monde avait déjà deviné : « Nous sommes des soldats russes venus empêcher des actes terroristes[4]. »

Voilà. La Grande Russie a décidé d'agir. Elle ne le reconnaîtra officiellement que bien plus tard, mais elle vient de lancer une opération pour « sauver » la Crimée et, surtout, ses propres intérêts militaires. Est-ce Igor Strelkov qui l'a poussée à intervenir, comme il le laissera entendre par la suite ? Ou n'était-il depuis le début qu'un simple exécutant des ordres du Kremlin ? Seuls ceux qui sont dans le secret des dieux connaissent la réponse. En tout cas, le déploiement des forces russes n'est qu'un jeu d'enfant : plus de quinze mille soldats sont déjà postés en temps normal à la base navale de Sébastopol, à l'extrémité sud de la péninsule. Les renforts n'ont qu'à traverser le détroit de Kertch pour compléter l'occupation. En quelques heures, les petits hommes verts ont installé des barrages routiers aux quatre coins

---

4. Interview d'un soldat russe anonyme provenant du site ukrainien UkrStream. TV, 4 mars 2014 : https://www.youtube.com/watch?v=b0Z8ymyhx8A.

de la Crimée, l'isolant du reste de l'Ukraine. Les soldats ukrainiens, eux, restent dans leurs baraques. Ils n'ont pas reçu de directives du nouveau gouvernement. Pendant ce temps, Strelkov s'allie à un obscur député au passé mafieux. Leurs intérêts coïncident. Sergueï Axionov sera l'homme de l'intérieur, le visage pseudo-légal de l'opération en cours. Strelkov restera dans l'ombre. Maintenant que les affrontements sur le Maïdan ont fait de la violence une arme politique acceptable, que la Constitution ukrainienne a été bafouée par la « junte » et que la langue russe est en voie de perdre son maigre statut officiel, Strelkov, comme le Kremlin, estime que le coup de force aura des airs de légitime défense.

.

Le jeudi 27 février à l'aube, un commando envahit le parlement de Crimée. Igor Strelkov est à sa tête. Une session spéciale est tenue à huis clos. Un nombre indéterminé de députés élisent – de gré ou de force – un nouveau gouvernement. L'obscur député Axionov devient premier ministre. Les parlementaires votent la tenue d'un référendum d'autodétermination. Le pouvoir à Kiev s'inquiète, mais ne sait pas comment réagir. Dans les jours qui suivent, les « gens polis » (l'autre surnom des petits hommes verts) neutralisent les militaires ukrainiens. Pas besoin d'ouvrir le feu. Les soldats désemparés n'ont toujours pas reçu l'ordre de se défendre. Ils capitulent, une unité à la fois. Igor Strelkov négocie les redditions et les défections. En quelle qualité ? Mystère. Il convainc des généraux et des centaines de soldats de se joindre aux forces russes.

Le référendum est devancé une première, puis une seconde fois. Il faut tout régler au plus vite avant que Kiev ne reprenne ses esprits et trouve une réponse adéquate à la dérive de la péninsule. La question du référendum est modifiée en cours de route : les tenants du *statu quo* n'auront aucune case à cocher. Les Criméens devront choisir entre le rattachement à la Russie ou la revendication d'une autonomie encore plus grande au sein de l'Ukraine. Le « choix » proposé par les affiches durant la campagne éclair ne laisse pas de place à la nuance :

LE 16 MARS, NOUS CHOISISSONS ENTRE
UNE CRIMÉE FASCISTE OU UNE CRIMÉE RUSSE

Le résultat est aussi unanime que douteux. Selon les chiffres officiels, 97 % des électeurs votent pour un rattachement à la Russie. Le taux de participation dépasse les 80 %.

Le désordre à Kiev a fourni l'occasion d'enfreindre la Constitution pour ensuite prétexter que cette violation n'était pas pire que celle commise par les révolutionnaires. Pour Moscou et Strelkov, il fallait la saisir : rattacher un dernier bout du « monde russe » avant que le nouveau pouvoir ukrainien n'établisse les bases d'une Ukraine pro-européenne, donc forcément antirusse selon eux. Il fallait « réunifier » la Crimée et la Russie, quitte à le faire en mettant un fusil sur la tempe de ceux qu'on venait libérer.

Deux jours plus tard, le Parlement russe confirme l'annexion. Un seul des quatre cent quarante-quatre députés de la Douma vote contre. La Russie entière jubile.

« *Krym Nach !* »

« La Crimée est à nous ! »

Plusieurs opposants farouches à Vladimir Poutine saluent en ce jour le « courage » de leur président. Sa popularité atteint des sommets inégalés en quatorze ans de pouvoir. Il n'y a rien comme une conquête pour faire vibrer à l'unisson le cœur d'une nation impérialiste. À Kiev et ailleurs en Ukraine, politiciens, révolutionnaires et simples citoyens sont consternés par l'amputation de la péninsule. Une armée étrangère beaucoup plus puissante et organisée s'assure qu'aucun retour en arrière n'est possible. La frontière a été déplacée. L'isthme de Perekop s'est refermé. Un pont sera construit sur le détroit de Kertch pour relier la Crimée à la Russie. L'Ukraine devra vivre avec un membre fantôme.

•

Alors, la Crimée est-elle un territoire russe ou ukrainien ? Qui a raison ?

Tu l'as compris, Tyoma, même une connaissance approfondie de l'histoire ne peut nous aider à établir une réponse juste, indiscutable et définitive à cette question. Lorsque Vladimir Poutine nous dit qu'il s'agit d'un territoire qui faisait « historiquement partie de la Russie » et qu'il a réparé une « injustice historique[5] » en l'annexant, il choisit les fragments du passé qui lui conviennent. Dans ce cas, les Turcs pourraient aussi revendiquer ce territoire, qui fut encore plus longtemps sous leur domination. Et pourquoi pas les Grecs, tant qu'à y être ? Selon quels critères une conquête devient-elle une réparation historique ?

De son côté, l'Ukraine exige la fin de « l'occupation russe » de *sa* Crimée, en se référant au droit d'un pays à son intégrité territoriale. Mais que fait-elle alors du droit internationalement reconnu des peuples à l'autodétermination ? Les Criméens de toutes origines forment-ils un peuple habilité à décider de son avenir commun, plusieurs petits peuples ou font-ils plutôt partie de l'une des grandes nations voisines ? Le cas échéant, est-ce leur passé russe, leur présent ukrainien ou la volonté de la majorité qui devrait déterminer à quelle nation ils appartiennent ?

---

5. Discours devant les membres de la Douma et du Conseil de la Fédération, 18 mars 2014.

Elles sont compliquées ces questions, je sais. Mais ce qu'il te faut surtout retenir, c'est que lorsque des hommes disent avoir conquis un territoire afin de rétablir une injustice historique, ils sont probablement en train d'en créer une autre tout aussi grande. Et quand leurs adversaires ont comme argument principal des lois ou des traités pour te convaincre de leur droit indéniable sur une terre, ils omettent forcément de prendre en compte le désir de ceux qui y habitent de partager un pays avec eux.

Sans la révolution à Kiev, les Criméens n'auraient probablement pas cherché à se détacher de l'Ukraine. Il est encore moins probable que la Russie ait osé annexer aussi grossièrement un territoire qu'elle n'avait jamais revendiqué officiellement depuis la fin de l'Union soviétique. L'occasion historique de profiter des malheurs de l'Ukraine s'est présentée. La Russie et les Criméens pro-russes l'ont saisie.

.

La seule chose qui peut nous consoler dans toute cette histoire d'amputation, Tyomotchka, c'est que contrairement à la révolution, cette procédure à froid s'est déroulée presque sans effusion de sang. Ces quatre semaines houleuses n'auront fait qu'un mort, un soldat ukrainien. Déjà un de trop, c'est vrai. Le dénouement rapide de la crise n'aura toutefois pas empêché la violence de poursuivre son avancée dans ton pays. Au contraire. Il a fait surgir chez certains l'espoir de voir le scénario criméen se répéter tout aussi facilement dans leur région, et avec autant d'enthousiasme de la part de la population et de l'envahisseur.

Là même où elle aurait pu se terminer, la plongée de l'Ukraine dans le chaos ne faisait que commencer.

À cause de l'unité, la péninsule fut perdue.

S'*ils* avaient le courage de venir sur ta tombe pour t'expliquer pourquoi tu es mort, je doute qu'ils aient celui de te dire la vérité. Ils te raconteraient que la guerre était inévitable, que l'Autre les a forcés à prendre les armes. Ils t'assureraient qu'ils ont tout fait pour te protéger, mais que l'Autre en voulait à ta vie. Et ils jureraient de venger ta mort par le seul moyen qu'ils connaissent : en défaisant l'Autre et en sortant victorieux de cette guerre.

Ils mentent, bien sûr. Ils *se* mentent, consciemment ou non, obnubilés qu'ils sont par la justesse de leur cause. La guerre était évitable. La guerre est toujours évitable. Il arrive que les sacrifices et les concessions nécessaires pour l'empêcher soient si difficiles à avaler qu'un conflit ouvert semble la moins terrible des solutions. Lorsque la paix sociale a le goût quotidien de la torture, de l'oppression et de l'absence de liberté, il est compréhensible qu'un peuple à bout de souffle prenne la rue pour chasser un régime dictatorial qui ne lui permet pas de le faire par la voie des urnes. Il ne veut pas la guerre. Il l'obtient malgré lui. Il a cet espoir naïf que le régime abdiquera devant la volonté populaire. Mais rapidement, la vie meilleure à l'horizon est remplacée par les bombes, les morts et les camps de réfugiés. Les combattants censés libérer le peuple de l'oppression se transforment eux-mêmes en oppresseurs, souvent pires que le régime en place. Le peuple en vient à regretter la paix d'antan et son bourreau d'alors. Cela, les Syriens et les Libyens d'aujourd'hui te l'expliqueraient mieux que moi.

Chez toi, la guerre aurait pu être prévenue bien plus aisément que sous ces dictatures. Le prix à payer pour la paix n'aurait pas pour autant été celui de l'oppression des plus faibles par les plus forts, ni la sécession unilatérale du Donbass. Même après la révolution et la crise en Crimée, l'entente était encore possible.

Une main n'a pas été tendue.

Je sais bien que les « si » ne pourront jamais réécrire le passé. Mais constater les occasions manquées est tout ce qu'il nous reste maintenant qu'il est trop tard et que tu es six pieds sous terre ; tout ce qu'il nous reste pour espérer qu'un jour *ils* cesseront d'ajouter à la somme de leurs reproches et de leurs crimes, incluant ta mort, imagineront la fin de la guerre et peut-être, s'il subsiste encore en eux un peu d'humanité, la réconciliation.

.

Je t'ai déjà raconté qu'une bonne partie des Ukrainiens russophones de l'Est n'ont pas soutenu la révolution à

Kiev. L'arrivée au pouvoir du nouveau gouvernement leur a fait peur. Le vote au Parlement sur l'abrogation du statut des langues régionales a confirmé leurs craintes. Même si le président intérimaire a ensuite refusé d'entériner cette décision, ils n'ont pu s'empêcher de retenir que l'intention première des nationalistes était de les punir. Le spectre d'un nouveau châtiment planait toujours au-dessus de leurs têtes.

Dans les régions russophones, le renversement de Ianoukovitch fait prendre de l'ampleur aux manifestations anti-Maïdan. Les partisans du président déchu n'ont plus besoin d'être payés pour sortir dans les rues. À tort ou à raison, ils sentent qu'ils doivent défendre leurs droits face au nouveau régime.

Durant tout le mois de mars 2014, dans différentes villes, des militants réussissent à envahir l'administration locale. Chaque fois, ils montent sur le toit et vont remplacer le drapeau ukrainien qui y flotte par le tricolore russe. Certains occupants prônent la sécession de leur région et son rattachement à la Russie. D'autres souhaitent simplement une décentralisation de l'Ukraine, qui passerait par une fédéralisation. Les sièges ne durent que quelques heures, au bout desquelles les forces de sécurité ukrainiennes expulsent les protestataires. Le drapeau ukrainien est de nouveau hissé. Mais quelques jours plus tard, immanquablement, les militants reviennent encore plus nombreux et reprennent l'édifice.

Au départ, ces événements se déroulent en parallèle à ceux qui ont lieu en Crimée. Quand les troupes russes envahissent la péninsule et que celle-ci est rattachée à la Russie, les protestataires dans l'Est ont de quoi se réjouir. Ceux qui rêvent de faire partie de la Russie peuvent espérer une intervention similaire de l'armée russe chez eux. Les autres, qui exigent la garantie que leurs droits seront protégés sous le régime post-révolutionnaire, ont un épouvantail entre les mains. Évidemment, se disent-ils, les nouvelles autorités voudront négocier avec nous afin d'éviter une répétition du scénario criméen.

Leur raisonnement est logique, mais ils se trompent.

Ceux qui ont pris le pouvoir à Kiev souffrent du complexe du vainqueur. Ils n'ont pas la tête à négocier avec les forces réfractaires aux changements. Ils ont fait la révolution au prix du sang d'une centaine de martyrs. Ils estiment avoir gagné le droit d'imposer leur vision du pays. C'est aux vaincus de s'adapter, de s'allier aux victorieux, ou de se taire. Un régime corrompu et de plus en plus autoritaire a été renversé ; une vraie démocratie, une Ukraine libre et européenne est sur le point de naître. Il n'y aura pas de compromis avec ces profiteurs qui ont maintenu le pays sous la domination de Moscou et l'ont conduit au bord de la faillite. Point final.

Soit.

Mais dans ce cas, les anti-Maïdan ne feront pas de compromis *chez eux*. Ils sont nombreux, peut-être même majoritaires dans leurs régions. Si cette nouvelle Ukraine ne veut pas leur faire une place, pourquoi en feraient-ils partie ?

Le 6 avril 2014, soit trois semaines après l'annexion de la Crimée et six après la révolution, les militants armés prennent encore une fois d'assaut des édifices administratifs de Donetsk, Lougansk et Kharkiv.

À Donetsk, ils réussissent à garder sous leur contrôle l'administration régionale et, le lendemain, proclament la République populaire de Donetsk (DNR). Le pouvoir à Kiev s'inquiète vaguement, mais sans plus. En quoi le fait qu'une poignée de militants occupant un édifice, un seul dans une ville d'un million d'habitants, pourrait-il constituer une menace pour la stabilité du pays ? Le ministre de l'Intérieur promet que le problème séparatiste sera réglé en quarante-huit heures, par le dialogue ou par la force. Or, il sait bien que la répression est une option risquée. La loyauté des policiers et des militaires est trop fragile pour qu'on leur donne l'ordre d'agir. Sans compter qu'un bain de sang retournerait pour de bon la population locale contre les autorités. Pour ce qui est du dialogue, le premier ministre ukrainien se rend à Donetsk quatre jours après la proclamation de la DNR. Depuis son entrée en fonction il y a deux mois, c'est la première fois qu'Arseni Iatseniouk daigne visiter le Donbass. Il estimait avoir des problèmes plus urgents à régler à Kiev. Et s'il est venu, ce n'est pas pour négocier avec les fauteurs de trouble. Après tout, ceux-ci ne contrôlent-ils pas qu'un seul vulgaire édifice à Donetsk ? Iatseniouk se contente de discuter avec des leaders régionaux qui le soutiennent et lui disent ce qu'il veut entendre : tout finira par se régler. Le premier ministre promet aux habitants du Donbass que la nouvelle Constitution ukrainienne sera écrite en partenariat avec eux. Puis, il repart vers Kiev. Il ne reviendra plus.

.

Retrouvons maintenant Igor Strelkov à Simferopol. Pendant que la grogne s'installe dans le Donbass, il savoure sa victoire. La Crimée est redevenue russe ! Au fil des jours, il reçoit de nombreux visiteurs en provenance de différentes villes russophones d'Ukraine : politiciens, militaires, bandits, hommes d'affaires, dirigeants d'organisations clandestines, etc. Ils formulent tous la même demande : « Viens nous aider à accomplir chez nous ce que tu as accompli en Crimée. » Ceux qui le connaissent savent qu'il s'agit d'une offre que Strelkov ne peut refuser. Pour lui, l'État ukrainien est une aberration. Le sud et l'est de ce pays sont des morceaux de la *Novorossia*, la « Nouvelle Russie » conquise par Catherine II au XVIIIe siècle, malencontreusement séparée de la mère patrie par les aléas de l'Histoire. Kiev est toujours au tapis. Le nouveau pouvoir n'a pas encore absorbé le choc de la perte de la péninsule. La fidélité des citoyens et des forces de l'ordre dans ces régions ne lui est pas du tout acquise. Il est clair que les circonstances sont propices à un autre coup de force.

Strelkov réussit à former un commando de cinquante-deux hommes. Parmi eux, on trouve d'ex-membres des forces antiémeutes qui ont fui Kiev quand Ianoukovitch les a laissés tomber. Il y a aussi d'anciens soldats de l'armée ukrainienne et quelques compatriotes russes de Strelkov. Mais comment lance-t-on avec seulement cinquante-deux hommes une insurrection ayant pour objectif de prendre le contrôle de territoires où en habitent des millions ? Il faut un point de départ : une ville assez grande pour que sa conquête soit significative, mais assez petite pour que la mission puisse être accomplie avec un commando de cette taille. C'est ainsi que le choix s'arrête – « totalement par hasard [6] », dira Strelkov – sur Slaviansk, à une centaine de kilomètres au nord de chez toi. La ville de cent vingt mille habitants a, semble-t-il, un bon potentiel de soulèvement. Slaviansk sera donc l'élue. Elle deviendra l'épicentre de la contre-révolution.

Le jour même où le premier ministre ukrainien quitte Donetsk après avoir formulé quelques vagues promesses, Strelkov et ses hommes traversent la frontière russo-ukrainienne. Arrivés à Slaviansk, ils

---

6. Interview avec le journal nationaliste russe *Zavtra*, 20 novembre 2014.

sont accueillis par quelque deux cents hommes des environs prêts à se joindre à eux. Sans rencontrer de résistance, ils prennent le contrôle du poste de police de la ville, mettant la main sur un arsenal de pistolets et de mitraillettes. Ils investissent ensuite l'édifice des services de sécurité et celui de l'administration municipale. Des policiers, des agents spéciaux, des fonctionnaires et même la mairesse de la ville s'engagent dans la rébellion.

« Ils sont venus défendre nos droits ! »

En quelques heures, le commando prend le contrôle total de Slaviansk. Des barrages routiers sont installés aux endroits stratégiques. Le lendemain, c'est la ville voisine de Kramatorsk qui tombe sous son emprise.

Le modèle est établi. Il suffit d'entrer à l'improviste dans une ville où le nouveau gouvernement est impopulaire, rallier les représentants du monopole de la force de l'État, faire le plein d'armes et de munitions dans leurs réserves, investir les institutions, convertir leurs dirigeants et chasser les sceptiques, puis encercler la ville pour contrôler les entrées et les sorties.

Si rien n'arrête Strelkov, bientôt, la région entière sera entre ses mains.

Pendant ce temps, à Donetsk, Lougansk et ailleurs dans le Donbass, les soulèvements populaires deviennent de plus en plus sérieux. Les militants se transforment en miliciens. Ils forment des bataillons, recrutent des volontaires, saisissent des armes dans les dépôts de police et installent des barrages. La rébellion n'est plus la mauvaise blague à laquelle Kiev croyait avoir affaire. C'est une contre-révolution armée. Le président intérimaire est contraint d'annoncer le début d'une « opération antiterroriste » dans l'Est. L'armée lance une timide contre-offensive. Elle réussit à reprendre le contrôle de certaines villes. Mais les rebelles récoltent toujours plus de conquêtes. Des têtes dirigeantes du mouvement émergent. Les soulèvements, relativement indépendants les uns des autres au départ, sont de mieux en mieux coordonnés. La République populaire de Donetsk existe au-delà des murs d'un seul édifice. À la fin du mois d'avril, c'est au tour de la République populaire de Lougansk (LNR) de voir le jour.

Le conflit continue de s'étendre. Kiev n'arrive pas à croire à ce qui se passe. Ses soldats tombent dans des embuscades. Il y a des morts. Les rebelles ont l'avantage de la surprise. C'est alors que les révolutionnaires du Maïdan commencent à s'inquiéter. Ils voient leur rêve s'écrouler. Si rien n'est fait, après la Crimée, ce sera tout l'Est qui sera bouffé par la Russie, se disent-ils. Ils constatent que l'armée, corrompue, mal entraînée et mal équipée, est incapable de freiner la menace. Sans compter que la loyauté des soldats est mise en doute. À tout moment, des unités entières pourraient faire défection pour joindre l'ennemi, comme ce fut le cas en Crimée. On ne peut pas se fier à eux pour sauver le pays. Sur le Maïdan, plusieurs révolutionnaires ont appris à se battre. Certains ont déjà donné leur vie pour une nouvelle Ukraine. Des centaines d'autres sont prêts à risquer la leur. Ils forment des bataillons, prennent les armes et se dirigent vers le Donbass sans demander la permission au gouvernement. À partir de ce moment, ce ne sont pas deux armées régulières qui s'affrontent, mais les citoyens d'un même pays qui s'entretuent parce qu'ils ont une conception différente de l'État dans lequel ils souhaitent habiter.

L'Ukraine est en guerre civile.

Bientôt, les bombes viendront remplacer les balles. Les quelques morts deviendront quelques dizaines, puis quelques centaines et quelques milliers.

.

Les révolutionnaires te diront que cela n'est pas une guerre civile, mais purement et simplement une invasion étrangère visant à déstabiliser l'Ukraine et à la punir pour avoir voulu s'affranchir du joug russe. Ils te diront qu'après la Crimée, l'objectif du grand voisin est d'annexer encore d'autres territoires de son ancien vassal. Ils t'assureront que le problème est presque uniquement externe, la preuve étant que seule une poignée de bandits locaux a pris les armes pour appuyer l'envahisseur. Ils réfuteront tout lien entre l'embrasement du Donbass et un certain mépris du pouvoir post-révolutionnaire à l'égard des habitants de la région d'origine du président déchu.

C'est peut-être en effet le citoyen russe Igor « Strelkov » Guirkine qui a « appuyé sur la gâchette pour déclencher la guerre[7] », comme il s'en targue lui-même. Il est possible que, sans l'incursion de son commando, les révoltes isolées aient tôt ou tard été matées par l'armée. Probablement que Strelkov ne dit pas toute la vérité quand il assure avoir lancé son opération à Slaviansk sans l'appui du Kremlin. Il est pensable qu'il ait au moins obtenu son accord tacite, ou même une garantie d'aide. Et peut-être que la Russie a envoyé des renforts à la rébellion dès le début du soulèvement et non quatre mois plus tard, comme le jure Strelkov. Je te mentirais si je prétendais être au courant de tous les jeux de coulisses qui ont mené à un conflit d'une telle ampleur. Je ne suis qu'un observateur qui essaie de dégager une logique derrière les actions de chacun. La seule raison pour laquelle tu devrais m'écouter moi plutôt que ceux qui *savent*, c'est parce que contrairement à eux je ne cherche à prouver la justesse d'aucune cause. Ce qui m'importe, c'est de comprendre et de t'expliquer pourquoi un conflit qui aurait pu rester politique et non armé t'a ultimement valu une roquette sur la tête.

---

7. *Ibid.*

Quand les séparatistes ont organisé leurs référendums sur la souveraineté de leurs « républiques populaires » en mai, un mois à peine après le début de leur rébellion, Vladimir Poutine leur a dit que l'exercice était inutilement précipité et qu'il vaudrait mieux le reporter. Ce qu'il leur fallait comprendre :

ce qui était bon pour la Crimée hier ne l'est pas pour vous aujourd'hui ;

vous faites peut-être aussi « historiquement » partie du « monde russe », mais au-delà de ces belles paroles, la réalité est que de vous annexer ne servirait pas nos intérêts ;

oui, nous appuierons moralement votre lutte et laisserons nos citoyens qui le désirent aller se battre pour votre cause (ce Strelkov, par exemple) ;

oui, nous vous enverrons clandestinement des armes et même nos propres soldats lorsque vous serez sur le point de perdre ;

mais ne vous leurrez pas : nous ne faisons pas cela pour vos beaux yeux. Vous déstabilisez l'Ukraine et cela sert nos intérêts. Le jour où les nationalistes à Kiev auront compris qu'ils doivent accepter de redevenir nos partenaires s'ils désirent retrouver la stabilité, ce jour-là, vous devrez vous débrouiller sans nous ;

oubliez la Grande Russie et sa soi-disant responsabilité à l'égard de tous les Russes à l'extérieur de ses frontières. C'est de la bouillie historique pour nourrir la masse chauviniste. C'est une façon de donner un semblant de légitimité à des actions visant à défendre nos intérêts stratégiques et autrement injustifiables.

Intérêts.

C'est le mot qu'il vous faut retenir.

Intérêts.

.

Sans l'aide de la Russie, les rebelles auraient difficilement pu tenir tête aux forces ukrainiennes plus que quelques semaines. Mais sans un appui substantiel de la population locale, jamais la rébellion n'aurait pu prendre racine dans le Donbass.

Le pouvoir post-révolutionnaire à Kiev a pleinement le droit de ne pas admettre sa responsabilité, au moins partielle, dans le déclenchement de la guerre. Il peut rejeter l'entièreté de la faute sur « l'agression russe » et nier que certains de ses citoyens aient pu se sentir exclus à la suite de la Révolution de la dignité. Mais cela n'aura pas empêché la révolte d'éclore et de se répandre.

Et cela n'empêche pas non plus, Tyomtchik, qu'à partir du moment où la guerre prend ses aises, tes jours sont comptés.

À cause de la péninsule, l'Est fut perdu.

PARTIE II

SALE GUERRE

À cause de l'Est,
des milliers de vies furent perdues.

Chapitre 1

ATTERRISSAGE

Quand j'arrive en Ukraine, le 7 janvier 2015, il ne te reste plus que onze jours à vivre.

J'ai raté la révolution, l'amputation de la Crimée et les neuf premiers mois de la guerre dans le Donbass. Depuis le début décembre, une trêve entre les rebelles et les forces ukrainiennes a considérablement réduit les combats. Il arrive encore parfois qu'un ou deux soldats soient fauchés par un obus, mais les civils ont cessé de périr. Trêve n'est toutefois pas un synonyme de paix. C'est un répit qui entretient un mince espoir de règlement durable, le plus souvent vain. Avec le temps des Fêtes qui tire à sa fin, les hostilités risquent de reprendre tôt ou tard. Les gens avec des armes, et surtout ceux qui les dirigent, ont intérêt à ce que ce soit le cas. Les rebelles revendiquent des milliers de kilomètres carrés de plus que ceux qu'ils contrôlent. Les forces ukrainiennes jurent qu'elles ne trouveront pas repos tant que tous les territoires perdus n'auront pas été reconquis. La Russie, elle, continue de nier être impliquée dans le conflit. Or, il y a longtemps qu'elle n'arrive plus à cacher l'envoi de soldats et d'armes en soutien aux séparatistes. Pour elle, cette guerre est une épine dans le pied du gouvernement post-révolutionnaire de Kiev. Tant qu'il cherchera à se détourner d'elle, à joindre l'Otan et l'Union européenne, la Russie continuera d'alimenter la rébellion.

Dans l'avion, les journaux parlent plus de la Syrie et du Nigéria que du Donbass. J'y lis notamment que durant l'année 2014, qui vient de se terminer, onze mille deux cent quarante-cinq personnes ont été tuées dans les violences entre l'armée nigériane et les djihadistes de Boko Haram. C'est beaucoup plus qu'ici, où la guerre a fait quatre mille sept cents de ces victimes de trop. Je t'épargne le bilan en Syrie, où il y a longtemps que les morts se comptent par dizaines de milliers.

Ça te paraîtra peut-être bizarre, Tyoma, mais avant même d'arriver en Ukraine, je ne peux m'empêcher de relativiser l'importance de ce conflit par rapport aux autres. Tu n'es pas encore mort que je pense à ces innombrables innocents qui perdront la vie ailleurs dans des circonstances tout aussi injustes. Pourquoi tes funérailles mériteraient-elles ce mince espace éditorial que j'arriverai à arracher à quelques médias plus que celles de Mohammad, assassiné par des insurgés islamistes à Alep en Syrie, ou celles d'Ayeesha, tuée par un drone étatsunien à Tappi au Pakistan ? Pourquoi l'Ukraine aurait-elle droit à notre attention plus que le Yémen, la Centrafrique ou le Congo ? Et pourquoi plus ces guerres que les drames silencieux – famines, épidémies, sécheresses – qui tuent autant sinon plus, loin des grands enjeux géopolitiques ? La vérité, c'est qu'il n'y a aucune raison valable. La couverture des grands et petits événements qui façonnent notre monde est une science inexacte, aléatoire et inéquitable. Il n'existe pas de calcul mathématique infaillible qui permette de classer les tragédies par ordre de gravité ou d'importance afin de déterminer lesquelles méritent le plus notre attention.

Mes propres justifications pour venir couvrir le conflit en Ukraine sont arbitraires : je parle russe, mais pas arabe, haoussa ou pachtoune. Je connais bien l'Ukraine, la Russie, l'espace postsoviétique et peux donc revendiquer une certaine autorité pour expliquer les racines et les conséquences de ce conflit. Je finance moi-même mon voyage et je sais qu'en Ukraine, je pourrai plus facilement qu'ailleurs le rentabiliser et même en dégager un certain profit. Et il y a l'aspect sécuritaire. À l'heure des guérillas urbaines et des mouvements terroristes, quand toutes les lois de la guerre volent en éclats, le conflit chez toi demeure somme toute conventionnel. La ligne de front y est assez bien délimitée. Elle sépare des groupes armés relativement symétriques par leur composition et les méthodes qu'ils emploient. Les journalistes étrangers ne sont pas des cibles pour l'un ou l'autre des belligérants. Aucun ne cherche à les enlever et à les utiliser comme monnaie d'échange, ou à leur trancher la gorge devant une caméra pour ensuite publier la vidéo sur YouTube à des fins de promotion et de recrutement. Les journalistes étrangers (pour ceux russes et ukrainiens, c'est plus compliqué) y travaillent des deux côtés des tranchées avec sensiblement les mêmes accès et les mêmes restrictions. Bref, hormis les bombes qui peuvent tomber à tout moment et n'importe où – tu le sais mieux que moi –, les dangers dans le Donbass demeurent circonscrits.

Je ne suis pas un reporter de guerre. Je ne veux pas être un reporter de guerre. La guerre me répugne. Je ne veux pas de cette aura romantique qui enveloppe celui qui couvre la destruction et la mort, au péril de sa vie et de son équilibre mental. Je ne cherche pas à devenir une légende ou un martyr de l'information.

Je te dis tout ça et, en même temps, je me trouve dans un avion pour aller couvrir une guerre. C'est que malgré tout, malgré cette peur de la mort qui me tenaille depuis l'enfance, peut-être même à cause d'elle, je ne peux m'empêcher d'*aller voir ce qu'il faut voir*. J'essaie de mon mieux de jauger les dangers, en espérant que le moment venu, je saurai résister à la tentation de franchir mes propres lignes rouges.

Chapitre 2
KIEV, POST-RÉVOLUTION

C'est soir de Noël orthodoxe. Dans le métro, des jeunes chantent des cantiques traditionnels. Les Ukrainiennes sont toujours aussi belles. Les garçons, toujours aussi sévères, aussi rustres. Le passage est encore à deux hryvnias, comme lors de mon dernier séjour il y a cinq ans pour couvrir l'élection de Ianoukovitch. Personne depuis n'a eu le courage politique de l'augmenter. À l'époque, le dollar américain valait cinq hryvnias. Il en vaut maintenant seize.

En sortant du métro, j'atterris sur le Maïdan. Au premier abord, la place semble intacte. Comme si elle n'avait pas été le théâtre récent d'une révolution sanglante qui l'avait défigurée. De nouvelles briques ont remplacé les anciennes, arrachées par les manifestants pour édifier des barricades ou servir de projectiles contre les forces de l'ordre. En observant plus attentivement toutefois, je vois apparaître les traces du passé récent. Les colonnes du bureau de poste sont encore barbouillées des slogans des manifestants. Sur un babillard sont affichées les photos des personnes disparues durant la révolution, accompagnées d'une explication sur les circonstances de leur disparition. Certaines sont frappées de la mention « Retrouvé », sans plus de précisions. Sont-elles réapparues mortes ou vivantes ? La Maison des syndicats, qui jouxte le Maïdan, est cachée par un immense rideau sur lequel on peut lire *Gloire à l'Ukraine ! Aux héros la gloire !* sur fond de champ de blé jaune vif et de ciel bleu éclatant, séparés par l'horizon pour reproduire le drapeau bicolore ukrainien. L'édifice, qui était l'un des quartiers généraux des manifestants durant l'Euromaïdan, a passé au feu au plus fort des affrontements. De l'autre côté de la place, un minibus invite les passants à une excursion à Mejigorié, la fastueuse résidence de l'ancien président Ianoukovitch, envahie par les protestataires après sa fuite. Au pied de la statue de la déesse Berehynia, une exposition de photos relate les moments marquants de la révolution. Parmi les images de manifestants héroïques et de combats acharnés, j'en trouve quelques-unes montrant le squelette du controversé sapin du Nouvel An, décoré d'affiches révolutionnaires :

Le légume est mûr, il est temps de le jeter !
Vive l'Ukraine libre ! Non à la répression politique !
Russie, lève-toi ! Poutler [8], dehors !

Cette année, il n'y a pas de sapin sur le Maïdan. Les autorités municipales ont jugé qu'il aurait été indécent, voire dangereux, d'en installer un. Avec la guerre dans le Donbass et le désenchantement de plusieurs à

---

8. Contraction de Poutine et Hitler.

l'égard du pouvoir, une nouvelle vague de protestations massives à Kiev ne peut être totalement exclue.

En bordure de la place, rue Institutska, un muret a été transformé en panthéon de la « Centurie céleste ». Le portrait de chacun des cent deux hommes et trois femmes tués durant la révolution est placé dans un espace cloisonné, agrémenté de lampions, de fleurs et de petits drapeaux.

En haut de la côte, toujours sur Institutska, des souvenirs de ces jours tragiques sont étalés pêle-mêle là où des manifestants ont péri sous les balles en tentant de franchir les portes de l'administration présidentielle : blocs de pavés, boucliers en bois ou en fer, casques de mineurs orangés, masques à gaz, bâtons et épées en bois, pièces d'armure de fortune, feuillets de prière, etc. Tout, partout, rappelle leur sacrifice. Pour des raisons évidentes par contre, on ne retrouve nulle part les armes et les visages des dix-huit policiers morts en défendant une autre idée de l'Ukraine. Les gagnants ont écrit l'histoire, choisi leurs héros.

.

Parmi les niches commémoratives, je repère celle en l'honneur de Viktor Khomiak. Sur la photo, on le voit tenir à deux mains un énorme poisson en esquissant un timide sourire. La légende en dessous le présente comme un « militant social » de cinquante-quatre ans, originaire de la région de Volyn, dans l'ouest du pays. J'ai lu à son sujet avant de venir en Ukraine. Son histoire m'a intrigué. D'autant plus qu'elle est liée à ce satané sapin du Nouvel An.

Comment Viktor Khomiak est-il devenu un immortel de la Révolution de la dignité ?

Le 27 janvier 2014, vers onze heures du matin, une manifestante sur le Maïdan remarque une silhouette se balançant dans la structure métallique du sapin. Elle est à peine visible, derrière les multiples affiches placardées au fil des semaines. C'est un cadavre. Comment a-t-il pu se retrouver là sans que personne le remarque, alors que le campement autour grouille nuit et jour de manifestants ? Étrange.

Les policiers viennent décrocher le corps. L'autopsie ne révèle aucune trace de violence. L'identité du cadavre est établie. Les autorités concluent au suicide. Viktor Khomiak aurait ainsi eu l'idée tordue de s'enlever la vie au moment et à l'endroit mêmes où tous les espoirs d'un avenir meilleur étaient permis ? Bizarre.

Sur le Maïdan, personne ne se souvient de Viktor. Il y campait pourtant depuis deux mois. C'est d'ailleurs l'incident autour de l'installation du sapin qui l'avait décidé, début décembre, à quitter son village pour joindre les protestataires. À vrai dire, il n'avait pas grand-chose d'autre à faire de sa vie. À l'automne, il avait perdu son emploi dans une usine. Il habitait avec sa vieille mère et sa fille déjà adulte. Sa femme l'avait quitté pour un autre plusieurs années auparavant.

Trois heures avant sa mort, Viktor avait parlé avec sa fille. Il lui avait raconté avoir monté la garde toute la nuit à la Maison des syndicats. Il disait être exténué et s'apprêter à aller se reposer dans le campement. Rien dans sa voix ou ses propos n'indiquait qu'il comptait mettre fin à ses jours.

Quand elle reçoit son cadavre, sa famille constate que celui-ci porte plusieurs marques de violence : blessures à la tête, ongles arrachés, doigts tordus, écorchures aux mains. Rien à voir avec l'autopsie officielle. Viktor aurait-il donc « été suicidé » ? Comment alors ses meurtriers auraient-ils pu s'infiltrer sur la place avec le corps et le pendre à l'intérieur du sapin sans être remarqués ? À moins que la séance de torture n'ait eu lieu dans une tente du Maïdan ?

Le mystère s'épaissit.

Au moment où survient le décès de Viktor, les protestataires ont d'autres préoccupations. Ils viennent à peine de voir leurs premiers camarades tomber sous les balles des policiers. Ils ont un régime à renverser. La résolution de l'énigme du pendu n'est pas leur priorité. Quant aux autorités, elles n'ont qu'un accès limité à la scène du crime, sous le contrôle des manifestants. De toute façon, on les soupçonne d'être responsables du meurtre. Difficile d'imaginer une enquête objective dans ces circonstances.

Les jours passent. Les affrontements se font de plus en plus violents sur le Maïdan. Les victimes s'accumulent. L'affaire du pendu est enterrée un peu plus chaque jour sous les rebondissements historiques et les drames. Moins d'un mois après la mort de Viktor, les manifestants célèbrent leur victoire. Les chefs de police sont remplacés par de nouveaux, sympathiques à la révolution. Malgré cela, l'affaire Khomiak n'est pas rouverte. Viktor n'est plus qu'un mort parmi d'autres.

Quand les révolutionnaires constituent leur panthéon par la suite, ils recensent toutes les victimes du Maïdan. Viktor Khomiak est mort sur le Maïdan. Il était un manifestant. Il est automatiquement inclus dans la liste de la Centurie céleste et reçoit le titre de Héros de l'Ukraine.

Viktor a peut-être été tué pour ses idées, pour avoir voulu bâtir une nouvelle Ukraine. Il est toutefois possible que sa mort n'ait rien eu à voir avec les événements en cours. Peut-être s'est-il suicidé pour des raisons qu'il a emportées avec lui dans sa tombe ? À moins que ce soit une histoire de dette non payée qui lui ait coûté la vie ? Aujourd'hui, la vérité n'intéresse personne. La famille de Viktor a reçu honneurs et récompenses pour son sacrifice présumé. L'Euromaïdan a un martyr de plus pour justifier le renversement de l'ancien régime.

Viktor est un héros. Un héros collatéral de la révolution.

•

Comme tu peux le constater, Artyom, le Maïdan, le cœur du pays où résonnent les humeurs du peuple, parle amplement de la révolution qu'il a vue se dérouler sur son pavé il y a un an. En revanche, il est presque totalement silencieux sur la guerre toujours en cours chez toi. Il y a bien quelques bénévoles qui sillonnent la place, une tirelire accrochée au cou, pour amasser des fonds destinés aux bataillons de volontaires, mais les portraits des « martyrs » du Donbass, combattants ou civils, y sont introuvables. À ce jour, ils pourraient pourtant former quarante-sept autres centuries célestes. C'est que la capitale préfère vivre dans le souvenir de la révolution qui lui a redonné sa dignité, plutôt que de relever ses conséquences les plus désastreuses sur l'unité du pays. Au parlement, au conseil des ministres, à la mairie, dans tous les édifices administratifs à quelques centaines de mètres du Maïdan, des hommes et des femmes sont en train de concrétiser les idéaux de la révolution. Ils votent des lois, luttent contre la corruption, implantent des réformes, réinventent l'économie, *désoviétisent* le pays et l'*européanisent*. L'autre front, le militaire, est à des centaines de kilomètres. Vue d'ici, la guerre semble virtuelle, détachée de la vie quotidienne. Un lointain désagrément dont on ne peut faire abstraction, mais qu'on essaie d'oublier autant que possible pour se concentrer sur l'accomplissement du rêve pour lequel on s'est battu.

Lorsque le Maïdan daigne évoquer la guerre, il n'est donc pas étonnant qu'il préfère utiliser des slogans dont l'opacité masque la tragédie qui se cache derrière.

« *Edina kraïna. Edinaïa strana.* »

« Un pays uni. » Cette devise, en ukrainien et en russe, inonde les espaces publicitaires aux alentours de la place de l'Indépendance. L'ironie cachée du message est double. Non seulement on nous annonce que ce pays, aux prises avec une rébellion séparatiste menaçant son intégrité territoriale plus que jamais dans son histoire récente, est « uni », mais on le fait en ajoutant exceptionnellement à la langue officielle une traduction en russe, langue dont le débat sur le statut a été l'un des facteurs déterminants du déclenchement de la guerre et, donc, de la désunion du pays.

Un pays uni ? Le souhait est légitime. La réalité est tout autre.

.

Un après-midi, j'assiste à une conférence de presse du vice-ministre de l'Industrie, de l'Énergie et du Charbon à l'hôtel Oukraïna, situé en face du Maïdan. Iouriy Zyoukov explique aux journalistes que les deux tiers des mines de charbon du pays se trouvent dans les territoires occupés par les rebelles : « Pour réussir à passer l'hiver, nous devrons continuer d'importer. » Avant le conflit, non seulement l'Ukraine était capable de fournir toutes ses industries en charbon grâce à sa production, mais elle arrivait même à en exporter. Aujourd'hui, elle doit en faire venir d'Afrique du Sud... Et de Russie !

Imagine, Artyom.

Les nationalistes et les pro-Européens ont fait la révolution pour se délier de l'emprise de leur grand voisin. Celui-ci a réagi en appuyant les groupes qui cherchaient à déstabiliser le nouveau pouvoir. Tout cela a abouti à un conflit séparatiste qui a coupé l'Ukraine de ses sources internes de charbon. Maintenant, elle doit importer le combustible de Russie afin de continuer à faire rouler son industrie métallurgique. Avec le métal qui sort de ses fonderies, elle fabrique des pièces d'armement qui servent à combattre les séparatistes et les soldats russes qui les appuient. De son côté, la Russie, frappée par les sanctions économiques des pays occidentaux en raison de son implication dans la déstabilisation de l'Ukraine, ne peut se permettre de refuser ce revenu provenant de l'exportation de son charbon.

Tu vois, quand il est question d'argent, même les pires ennemis peuvent s'entendre.

Iouriy Zyoukov poursuit en débitant une série de chiffres. Il parle des économies réalisées depuis que l'Ukraine importe ce charbon. « Il nous revient moins cher la tonne, au cours d'aujourd'hui, que celui que nous extrayions dans le Donbass avant le conflit et qui était lourdement subventionné. »

Le charbon, fierté des prolétaires de ta région, symbole de sa puissance économique et de son caractère distinct dans le pays, un minerai qui fait vivre ta famille

depuis des générations, est donc une industrie mainte-
nue en vie artificiellement.

Nous n'en sommes plus à un paradoxe près, tu en
conviendras.

Le vice-ministre cède maintenant la tribune à
Andriy Lysenko, le porte-parole de l'Opération antiterroriste. C'est ainsi que les autorités ukrainiennes
appellent la guerre dans l'Est. En fait, elles n'utilisent
jamais le terme « guerre ». Encore moins l'expression
« guerre civile ». Pour les gens au pouvoir, l'Ukraine
n'est pas en guerre. Elle combat des terroristes. Ils
savent pertinemment que ces milliers d'Ukrainiens
qui ont pris les armes contre eux n'ont pas pour unique
objectif de semer la terreur. Mais de nos jours, d'ap-
poser l'étiquette *terroriste* à toute dissidence est le
meilleur moyen de la diaboliser sans avoir à prendre
en considération ses exigences, parfois légitimes.
Les révolutionnaires ne peuvent pas ne pas le savoir :
Ianoukovitch leur a fait le même coup en février 2014.
Officiellement, l'affrontement sanglant sur le Maïdan
qui a mené à sa chute était une opération antiterroriste
contre des manifestants armés...

Au micro, le porte-parole Lysenko annonce qu'au
cours des vingt-quatre dernières heures, les combats
se sont intensifiés dans le Donbass. Quatre soldats sont
morts et huit autres ont été blessés. Il attribue ce regain
de tension à l'arrivée d'un « convoi humanitaire » russe
dans la région, insinuant que celui-ci transportait des

munitions plutôt que des couvertures et de la nourriture.

Plus tard dans la journée, la mairie rebelle de Donetsk recense deux victimes civiles. Les deux premières depuis un mois.

Les hostilités ont repris. Juste au moment où je m'apprête à partir pour le Donbass.

Chapitre 3
MEJIGORIÉ

La veille de mon départ pour l'Est, je me rends à Meji-gorié, l'ancienne résidence de Viktor Ianoukovitch à vingt kilomètres au nord de Kiev. Durant des années, les journalistes d'enquête ont rêvé de pouvoir franchir ses remparts. La vie privée du président était littéra-lement emmurée dans le secret. Les rumeurs les plus folles couraient à son sujet.

« Apparemment, les cuvettes des toilettes sont en or ! »

Aujourd'hui, n'importe qui peut pénétrer dans Meji-gorié sans risquer de se casser une jambe et d'aboutir en prison. Il suffit de se procurer un billet d'entrée pour vingt hryvnias auprès de la dame du kiosque d'accueil du Musée de la corruption, puis de le présenter au gar-dien de sécurité à la guérite. La fin de semaine, les Kié-viens sont nombreux à venir se balader en famille sur les cent quarante hectares du domaine. Ils peuvent ainsi profiter du grand air, de la verdure et, aussi, constater le résultat d'années de détournements de fonds publics au profit d'un homme.

En février 2014, il n'a suffi que d'une journée révo-lutionnaire pour que les contribuables se réapproprient la résidence qu'ils finançaient à leur insu depuis trop longtemps.

Ce samedi matin-là, alors qu'il apparaît évident que le président et ses sbires ont déguerpi, des centaines de manifestants du Maïdan prennent la route de Mejigorié. Ils y entrent sans rencontrer de résistance. Ils découvrent une maison de quatre étages aussi kitsch que luxueuse, une collection de voitures anciennes, un terrain de golf, un héliport, un yacht, des oiseaux rares, un chenil de chiens de race, des autruches (!) et bien d'autres confirmations du train de vie excessif du président. Nulle trace toutefois des fameuses cuvettes en or.

En approchant du fleuve Dniepr, qui longe le domaine, des protestataires aperçoivent des boîtes de documents en train de couler au fond de l'eau. Ils remarquent que certains dossiers ont été à moitié brûlés avant d'être jetés par les fuyards. Quelques courageux plongent pour les recueillir. Des plongeurs sont appelés à la rescousse.

Durant les jours qui suivent, des dizaines de bénévoles et journalistes s'affairent à sécher les documents dans le sauna présidentiel, pour ensuite les photographier et les numériser. Ce que ceux-ci révèlent dépasse leurs plus folles attentes. Les faits sont là, noir sur blanc : des centaines de preuves de pots-de-vin, d'achats illicites, de détournements de fonds. Tous savaient que le président était corrompu.

Maintenant, ils en ont la preuve. Des preuves.

La révolution a un sens.

Le président devait être renversé.

.

Ioulia Kapitsa est arrivée à Mejigorié le 23 février 2014, soit le lendemain de l'invasion par les protestataires. Elle y est venue directement du Maïdan pour aider à sécher et à recenser les documents compromettants. Onze mois plus tard, elle y est toujours. C'est elle qui fait visiter les quatre étages de la Honka, la résidence principale de Ianoukovitch, qui tient son surnom de la firme finlandaise qui en a conçu le design. Durant ses premiers jours à Mejigorié, Ioulia était déterminée à faire ressortir la vérité sur les malversations du président. Or, elle a constaté que tous n'avaient pas la même droiture morale qu'elle. L'avarice a vite pris le dessus sur les idéaux. Des révolutionnaires se sont transformés en pilleurs.

« Ça m'a attristée que les gens n'arrivent pas à combattre la tentation. Je comprends qu'ils n'avaient jamais vu autant de luxe de leur vie, qu'ils ont disjoncté et ont voulu s'emparer de tout ce qu'ils pensaient pouvoir revendre. Mais certains volaient de sang-froid. Ils avaient préparé leur coup. Ils arrivaient avec des outils, se présentaient comme d'anciens employés venant reprendre leurs effets personnels et démantelaient ce qu'ils voulaient emporter. »

Nous sommes dans l'une des nombreuses salles de la Honka. Une longue table en bois sculpté trône au milieu de la pièce, entourée de douze chaises. La résidence a pourtant été pensée pour n'être habitée que par deux personnes, le président et sa maîtresse, avec qui il vivait en concubinage. Ianoukovitch ne tenait pas de réunions dans cette maison et n'y invitait que peu de gens. Pure démesure. Sur un meuble près de la table, Ioulia montre deux cruches à vin disposées sur un plateau argenté. Le couvercle de l'une d'elles a été arraché, probablement par les pilleurs. « Ils ont dû penser qu'il était en vrai or. » C'est pour veiller au grain et empêcher plus de vols que Ioulia est restée à Mejigorié. Avec les autres conservateurs amateurs, elle a contribué à sauvegarder la plupart des tableaux de la résidence. Ils ont été envoyés au Musée national d'art d'Ukraine pour y être entreposés en sécurité. Mais plusieurs objets de valeur et d'autres sans grande importance, comme les vêtements du couple présidentiel, ont disparu dans les jours suivant l'invasion.

Ioulia est ici comme bénévole, logée, nourrie, « dédommagée », mais pas vraiment payée. Elle n'a plus d'emploi depuis qu'elle a laissé le sien dans une banque de Berdiansk [9] pour se joindre à l'Euromaïdan de Kiev. Elle ne semble pas prendre un plaisir

---

9. Sud-est de l'Ukraine.

particulier à sa tâche actuelle. Sa silhouette est frêle, son regard sévère, déterminé, mais parfois exaspéré. C'est celui d'une femme de conviction, voire d'entêtement. Il en faut pour rester ici, à trente et un ans, plutôt que d'aller se refaire une vie et une carrière post-révolutionnaire comme les autres. Avec ses compétences, elle pourrait sûrement prétendre à un poste dans une administration, où elle remplacerait un fonctionnaire trop associé à l'ancien régime. Mais Ioulia sent que son devoir est de rester ici, entourée de luxe, à mener une vie d'ascète.

En sortant de chaque pièce de la Honka, Ioulia éteint au plus vite les lumières. Partout, le chauffage est réduit au minimum. Ironiquement, le symbole de l'opulence et des excès de Ianoukovitch est cassé comme un clou. Seuls les maigres revenus engrangés par les billets d'entrée servent à entretenir le domaine. C'est qu'après la révolution, Mejigorié s'est retrouvé dans un vide juridique. Le jour même de sa prise par les protestataires, le Parlement s'est empressé de voter sa nationalisation. Depuis, le transfert de propriété ne s'est jamais concrétisé. « Le gouvernement a peur de prendre ses responsabilités », croit Ioulia. S'il récupère Mejigorié, il s'expose à des poursuites de la part des propriétaires officiels, des sociétés-écrans de l'ancien président.

« Je vais demeurer ici tant que l'État n'en aura pas pris possession. Je sais qu'il faudra probablement attendre la fin de la guerre pour que ça arrive, puisque c'est la principale priorité actuellement. Si je n'avais pas été là depuis le début, je ne serais probablement pas restée. Maintenant, je ne peux plus partir. Parfois, il m'arrive d'avoir des idées noires. Mais quand des gens viennent et s'intéressent à ce qui se passe ici, ça m'inspire. Ils sont reconnaissants que nous ayons conservé tout ça. Je ne veux pas me vanter. Je n'ai rien fait d'extraordinaire. C'est arrivé par hasard. J'étais simplement là au moment où il fallait. »

Justement, un couple reconnaissant venu de Dnipropetrovsk participe à la visite. Natalia Gretchanik et son fiancé étaient curieux de voir Mejigorié durant leur passage à Kiev.

« Je me doutais bien que notre président vivait dans de meilleures conditions que le simple peuple. Mais je croyais tout de même qu'il y avait un peu plus d'égalité entre les dirigeants et nous. J'ai voté pour Ianoukovitch à la dernière élection. Je suis donc un peu coupable. Nous, le peuple, avons laissé faire ça. Nous ne l'avons pas renversé plus tôt.

« Aujourd'hui, plusieurs membres de ma famille, des amis, des collègues s'en vont à l'étranger. Moi, j'aimerais fonder ma famille ici, élever mes enfants en Ukraine. Je vais rester aussi longtemps que possible, tant que je n'aurai pas épuisé toutes les options pour m'occuper. Je suis institutrice de formation, mais je ne travaille pas dans ce domaine parce que, dans notre pays, les enseignants reçoivent un salaire de misère.

« J'ai appuyé l'Euromaïdan dès le début. Je suis russophone. Dnipropetrovsk est très près de Donetsk. Je ne comprends pas pourquoi, dans le Donbass, certains pensent que les militants de *Pravy Sektor*[10] sont des fascistes. Nous n'avons jamais pensé ça chez nous. Je savais bien que ces militants ne fusilleraient pas tous ceux qui parlent russe. Ils sont sains d'esprit. [...] Ce que je pense de Poutine et de la Russie ? J'ai une opinion partagée à leur sujet. Avant, j'étais certaine qu'ils voulaient conquérir des territoires ukrainiens. Mais maintenant, il y a des informations qui montrent que... Je ne sais pas. »

Natalia est confuse. Elle vient d'une ville où les tentatives de contre-révolution n'ont jamais trouvé un fort appui. Un oligarque local a même formé sa propre milice pour contrecarrer les plans sécessionnistes (et protéger ses entreprises). D'un côté, elle est attachée à l'Ukraine. Mais en regardant la propagande de la télévision russe, elle ne sait plus qui croire entre son gouvernement, qui verse aussi dans la propagande, et celui qui est présenté comme l'ennemi, mais assure vouloir défendre ses droits de russophone.

Natalia a les idées obscurcies par le brouillard de la guerre.

---

10. « Secteur droit » : groupe ultranationaliste né durant l'Euromaïdan.

·

Le tour guidé tire à sa fin. Sous un lustre de cristal, Ioulia explique qu'à son avis Mejigorié est à la fois l'accomplissement ultime de Ianoukovitch et la raison même de sa chute : « Si les événements se sont développés ainsi, c'est parce que le président était coupé de la réalité. En vivant ici, il n'avait pas besoin d'aller où que ce soit, ni de rencontrer des Ukrainiens ordinaires. Il avait son propre centre médical, son salon de coiffure, une station d'essence, un cinéma et même une chapelle où un prêtre venait officier ! Il était isolé. Il recevait de l'information, mais elle était filtrée. Vu d'ici, tout allait bien. » Je demande à Ioulia ce qu'elle pense des résultats de cette révolution, alors que les réformes promises se font toujours attendre et que la guerre déchire le Donbass.

« Je ne suis pas encore déçue du nouveau gouvernement. Je ne m'attendais pas à de grandes réformes et qu'en six mois nous ferions partie de l'Europe. J'étais prête à tellement de chambardements que plus rien ne m'étonne. En fait, la dernière chose que j'aurais imaginée, la pire catastrophe possible sur ma liste, c'était une guerre, et elle s'est produite. Cela dit, peut-être que demain, la Honka brûlera, et moi avec elle. Certains le souhaitent. Si j'ai l'air pessimiste, c'est que je suis sortie du Maïdan avec un état d'esprit qui m'empêche de planifier quoi que ce soit à l'avance. Sur la place, tu apportais de la nourriture près des barricades le soir, sans savoir si le lendemain il y aurait encore des barricades. »

Ioulia est l'incarnation de ce que la révolution a produit de meilleur. Les détracteurs du mouvement auront beau dire qu'il était mené par une horde de fascistes téléguidée par des gouvernements étrangers, il y a bel et bien des gens qui y ont participé avec de nobles intentions. Or, l'incorruptibilité, l'altruisme et l'ascétisme ne sont pas pour tout le monde. Ils sont peu nombreux aujourd'hui à maintenir à flot la révolution contre ceux qui veulent l'usurper pour leur profit personnel.

Dans les périodes croches, la droiture est malheureusement un handicap. Et la plupart du temps, les bons perdent la partie.

.

À Mejigorié, on trouve aussi des caméléons. L'un d'eux se nomme Mykola Kachka. Il a cinquante-neuf ans et beaucoup de plombages en or. Sa passion depuis qu'il est haut comme trois pommes, ce sont les pigeons. « Les jeunes s'intéressent à leur téléphone cellulaire, moi, aux pigeons. C'est ce qui m'est le plus précieux. » Lorsque Ianoukovitch est devenu président, il a embauché Mykola pour s'occuper de son pigeonnier. « C'était un vrai amateur comme moi. Il avait des pigeons depuis quarante ans ! » Mykola immobilise l'un des oiseaux et me montre la bague aux couleurs du drapeau ukrainien autour de sa patte. *Viktor Yanu-kovich, UA*, est-il inscrit en anglais.

Mykola ne s'intéresse pas à la politique. La chute du président, son patron ? « Un siège ne reste jamais vacant bien longtemps. Quelqu'un part, un autre prend sa place. C'est la vie. L'important, c'est que ça aille mieux ou, du moins, pas pire. Parce que quand ça commence à empirer, ça n'arrête plus. » Mykola n'est pas homme à faire des vagues. Il préfère se fondre dans le paysage. Quand je lui demande si la situation s'est améliorée après la révolution, il m'énumère toutes les régressions de la dernière année. Aucune amélioration. Il refuse d'en tirer de conclusions pour autant. « Avant, je gagnais quatre mille hryvnias. J'avais un carnet de travail, tout était légal. Après la révolution, ils m'ont dit que je pouvais rester en tant que volontaire pour deux mille hryvnias par mois. » Je soupçonne Mykola de ne pas vouloir trop critiquer les nouvelles autorités afin de ne pas perdre ses pigeons. Ou peut-être est-ce son instinct soviétique qui lui interdit de se mêler de politique. Durant des décennies d'autoritarisme, le moindre signe de dissidence pouvait vous coûter votre carrière ou même la vie...

Heureusement pour Mykola, les révolutionnaires ont besoin de lui autant que lui d'eux. Les pigeons étaient certes une extravagance présidentielle, mais on ne pouvait pas les laisser mourir. Qui d'autre que Mykola pourrait s'occuper d'eux ? Qui saurait les nourrir et les soigner ? Le gardien des pigeons n'était pas une menace pour le nouveau pouvoir et ses réformes. Il ne démontrait aucune sympathie particulière pour Ianoukovitch, hormis leur amour partagé pour les pigeons. Mykola était indispensable et docile. Il est donc sorti indemne des purges.

Les révolutionnaires ont dû faire face à la réalité : ce n'est pas parce qu'on retourne un pays à l'envers qu'on peut se débarrasser de tous les rouages de l'ancien régime du jour au lendemain.

Chapitre 4
LE SOLDAT

Le train coréen qui mène dans le Donbass est rapide et flambant neuf. Il a été inauguré deux ans avant le début de la guerre, juste à temps pour le Championnat d'Europe de football. Durant ses deux premières années d'exploitation, il parcourait les huit cents kilomètres entre Kiev et Donetsk en six heures et quarante minutes, soit presque deux fois plus rapidement que les vieux trains soviétiques. Depuis le début de la guerre, le trajet est plus court. L'Intercity ne se rend plus jusqu'à sa destination finale, chez toi. Le terminus change au fil des mois, selon les déplacements de la ligne de front.

Je m'arrête à Kramatorsk, deux stations avant la dernière. Tu t'en souviendras, c'est la deuxième ville que le commando d'Igor Strelkov a prise sous son contrôle. L'armée ukrainienne l'a reconquise durant l'été et a installé le quartier général de son Opération antiterroriste (ATO) à l'aérodrome militaire. Je dois m'y rendre pour cueillir mon accréditation de journaliste. Il y a quelques jours, elle s'obtenait à Kiev. Et il y a quelques semaines, elle n'existait carrément pas. Le conflit approche de son premier anniversaire, mais la bureaucratie militaire n'est toujours pas au point. Dans ces circonstances, rien ne peut s'obtenir simplement.

Quand j'arrive au barrage à l'entrée de l'aérodrome, les soldats en poste n'ont aucune idée des nouvelles procédures. Je suis parmi les premiers à venir chercher ma carte ici. Un gentil soldat m'invite à m'installer dans la guérite en attendant des nouvelles du centre de presse. Il allume la chaufferette pour s'assurer que je ne gèle pas. La cabine est placardée de lettres en forme de cœur écrites par des enfants pour encourager les soldats. Un collage montre deux personnes heureuses sur un gazon vert, entourées de fleurs, d'un papillon, d'un arbre, d'un soleil, d'un nuage et d'un drapeau ukrainien. *Merci pour Kramatorsk*, y a inscrit l'enfant.

Peut-être t'a-t-on demandé à la garderie de faire un beau dessin pour les miliciens rebelles de l'autre côté de la ligne de front, Tyomotchka ?

.

Les attentes ont cela de bon qu'elles nous forcent à meubler le temps. Durant les deux heures que je passe dans la guérite, je discute sporadiquement avec le gentil soldat. Il s'appelle Igor. Il a quarante-six ans et est retraité des forces spéciales de l'armée ukrainienne. Il a participé à l'Euromaïdan, comme ses camarades qui montent la garde avec lui. Logiquement, quand les combats ont commencé dans l'Est, il s'est porté volontaire pour sauver son pays de la menace séparatiste. Il vient d'Ukraine occidentale, mais il a un enfant à Marioupol, une ville que les séparatistes menacent d'attaquer à tout moment.

Même si Kramatorsk est sous contrôle ukrainien, Igor est conscient que le cœur de ses habitants reste encore à conquérir : « La moitié de la population ici soutient les rebelles et le tiers a de la famille qui se bat dans leurs rangs. » Récemment, une douzaine de lance-grenades ont été retrouvés dans le cimetière à quelques centaines de mètres de l'aérodrome. « Ils préparent des actes de diversion. Tout n'est pas calme à Kramatorsk. »

Après un moment de silence, je lui dis que vraiment, la guerre, c'est bien la dernière chose que j'aurais imaginée en Ukraine.

« Ah... »

Quelque part entre son soupir et son silence, je sens son cœur se serrer. Son pays en miettes ; revêtir de nouveau l'uniforme ; tuer ou se faire tuer par ses compatriotes. Ce n'est clairement pas ce qu'il avait imaginé comme plan d'avenir.

Périodiquement, Igor fait tourner la roulette de l'un des deux vieux téléphones militaires bruns de la guérite pour s'enquérir au centre de presse de l'avancement du processus de délivrance de mon accréditation. Je n'arrive pas à appeler moi-même. Les ondes cellulaires ont été brouillées pour empêcher les ennemis d'intercepter les échanges dans les environs. En plus, je suis arrivé en plein exercice militaire. Tout fonctionne au ralenti.

À l'extérieur, les soldats s'amusent avec leur mitraillette. Ils simulent une fusillade en rigolant. « On peut régler certaines choses avec de bons mots. Mais avec de bons mots et un pistolet, on peut absolument tout régler ! » lance l'un d'eux.

Deux représentants d'une compagnie de transport se présentent au poste. Depuis aujourd'hui, leurs camions se font interdire le passage entre Donetsk et Kramatorsk par les militaires ukrainiens. « On nous a dit d'obtenir un permis spécial du quartier général de l'ATO. Nous n'en savons pas plus... » Ils sortent des documents attestant les activités de leur compagnie. Igor soupire de nouveau, de découragement cette fois. « Vous savez qui vous devez rencontrer ici ? Vous avez un nom, quelque chose ? » Ils n'en ont aucune idée. « Les règles changent chaque jour », dit l'un des hommes. « Chaque heure plutôt ! » rétorque Igor. Il ne s'agit pas seulement de caprices bureaucratiques, précise-t-il : « L'ennemi a des taupes parmi nous ». Pour éviter que ses tactiques ne soient contrecarrées, l'armée doit donc changer ses codes et règlements très souvent. Igor active la roulette de l'un des téléphones. Il essaie réellement d'aider les deux hommes, qui cherchent à retrouver la normalité et la prévisibilité du climat des affaires d'avant-guerre. « On me dit que vous devez aller voir l'administration municipale. » Les représentants repartent bredouilles.

Je livre mon analyse de la situation à Igor. Il me semble que le seul moyen de régler ce conflit serait que le président ukrainien s'entende avec son homologue russe sur un nouveau partenariat économique, en échange de la suspension de l'aide aux rebelles. « Si Petro Porochenko signe quoi que ce soit avec Poutine, il y aura un autre Maïdan. En tout cas, s'il fait ça, moi et les autres que tu vois ici allons tous y retourner pour manifester. »

Igor est conscient que l'armée ukrainienne et les bataillons de volontaires ne font pas le poids devant les forces rebelles et les soldats russes qui les soutiennent. « Oui, ils sont plus forts et plus nombreux que nous. Mais leur laisser ce territoire n'est pas une option. Si les Russes partaient, en deux semaines, nous reconquerrions tout. » Justement, pour que cela se produise, il faudrait que la Russie trouve son compte dans la nouvelle Ukraine, ce que les révolutionnaires comme Igor refusent par principe.

Un cercle vicieux.

Igor ne voit qu'une option pour en finir. Une grande offensive militaire. « Mais ça n'arrivera pas. Il y aurait trop de pertes civiles et il y a trop d'attention internationale portée à ce qui se passe ici pour qu'on puisse se le permettre. »

Il se trompe. Dans quelques jours, l'armée ukrainienne lancera l'une de ces grandes offensives sans merci. Ce sera celle qui te coûtera la vie.

LENINOPAD

Dimanche après-midi, place centrale de Slaviansk. Quelques dizaines de citoyens sont rassemblés. Devant eux, un Lénine en bronze de cinq mètres et demi regarde au loin vers l'avenir radieux qu'il avait promis aux prolétaires lors de la révolution d'Octobre il y a un siècle. Quelqu'un lui a accroché le drapeau de l'Ukraine indépendante autour du cou en guise de foulard.

Retirons cette relique du passé totalitaire ! lit-on sur une affiche.

Voilà des décennies que le leader soviétique trône devant la mairie de Slaviansk. Tant d'années qu'en temps ordinaire on n'y portait plus attention. Il faisait partie du paysage. Or, Slaviansk vit une période qui est tout sauf ordinaire. Et le vieux Lénine, soudain, se retrouve à nouveau au cœur des débats sur l'avenir de la ville.

À Slaviansk, la population était plutôt opposée à la Révolution de la dignité de février 2014. Assez du moins pour qu'Igor Strelkov jugeât qu'elle était le berceau idéal pour une contre-révolution. Ici, comme ailleurs dans le Donbass russophone et industriel, la nostalgie de l'époque soviétique était forte. Plusieurs voyaient d'un mauvais œil la volonté du nouveau pouvoir de couper tout lien avec la Russie. Leur appui au commando de Strelkov était motivé par ces sentiments[11].

Sous le règne des rebelles, les drapeaux séparatiste et russe flottaient entre la statue et la mairie sur la place centrale.

Lénine, la République populaire de Donetsk, la Russie.

Le passé, le présent, le futur.

Mais depuis que Slaviansk est retombée entre les mains des forces ukrainiennes, ceux qui avaient soutenu les rebelles se sont retrouvés du mauvais côté de l'Histoire. Lénine aussi. Et ce sont désormais les étendards européen et ukrainien qui battent au vent devant la mairie.

Lénine, l'Ukraine, l'Europe.

Le passé, le présent, le futur.

Pour la majorité de ceux qui assistent aujourd'hui à la réunion citoyenne, l'insurrection a prouvé qu'il est urgent de se débarrasser du bolchevik en bronze. Il faut empêcher pour de bon que son sombre héritage ne vienne influencer le présent et l'avenir de la ville. Quelques braves nostalgiques ont tout de même osé venir défendre leur héros contre l'humeur dominante. Les pro et les anti-Lénine se relaient au mégaphone.

---

11. Paradoxalement, le monarchiste Igor Strelkov avait en horreur la période soviétique. Il rêvait de la renaissance de l'Empire russe, et non de l'URSS.

Certains dans la foule répliquent sans avoir obtenu le droit de parole.

— Pourquoi ne vendrait-on pas le monument comme ils ont fait ailleurs ? Il vaut deux millions huit cent mille hryvnias !

— Le vendre pour ensuite voler l'argent, c'est ça que vous voulez ?

— On pourrait installer à sa place une statue en l'honneur d'une personnalité qui a réellement fait quelque chose pour la ville. Lénine n'a jamais mis les pieds ici, ni même en Ukraine d'ailleurs !

— Mais pourquoi voulez-vous l'enlever ? Il ne fait de mal à personne, ce monument !

— Il y a vingt ans, les pays baltes ont démantelé leurs statues de Lénine. Depuis, ils sont sur le chemin de l'Europe. Tant que cette statue se tiendra sur cette place, il ne nous arrivera rien de bon. Elle donne une mauvaise aura à la ville !

Dans la foule, quelques vieilles dames renfrognées marmonnent leur désapprobation. Elles se font vite rabrouer. « Si vous ne vous sentez pas bien ici, allez vivre en Russie ! Ou encore mieux, allez à Donetsk, c'est très bien là-bas, paraît-il ! »

Natalia est une quinquagénaire particulièrement prompte à répliquer aux babouchkas communistes. Je commence à lui poser des questions en russe, la langue qu'elle utilisait pour invectiver ses adversaires. Elle me répond en ukrainien.

— Pourriez-vous me parler russe, s'il vous plaît ? Je ne comprends pas l'ukrainien, lui-dis-je.

— Pardonnez-moi, mais au Canada, à ce que je sache, on aime l'Ukraine, alors on doit mieux comprendre l'ukrainien, non ?

— C'est que, voyez-vous, j'ai habité longtemps à Moscou, donc je parle plutôt russe.

— Vous ne travaillez pas pour la télé russe ?

— Pas du tout.

— Parce que je ne donne pas d'entrevue à la télé russe.

— J'écris en français.

Quelque peu rassurée, Natalia m'explique les raisons qui l'ont poussée à participer au rassemblement.

— Nous voulons que notre ville reprenne le contrôle de ses affaires. Nous voulons décider des monuments qui doivent se tenir sur la place centrale. Nous sommes très reconnaissants envers l'armée ukrainienne d'avoir libéré notre ville. Les gens qui ont appuyé les envahisseurs ne comprenaient rien à la situation. Il n'y avait personne parmi eux qui possédait un haut niveau d'éducation. Pas un médecin, pas un membre de l'intelligentsia n'a joint leur mouvement.

— Connaissez-vous des gens qui appuient les séparatistes ?

— Oui. Certains de mes voisins. Je me suis d'ailleurs engueulée avec eux aujourd'hui à propos de Lénine. Je leur ai dit qu'on devrait le mettre au parc

Lénine, qui existe déjà, et qu'ils pourraient encore aller le voir là-bas. Lénine, c'est le symbole du totalitarisme. C'est le passé. Ce n'est pas notre histoire. Il a détruit des églises. Comment peut-il aujourd'hui se tenir devant celle-ci, juste en face ? Je ne dis pas qu'il faut prendre des mesures radicales. La moitié de la ville est pour la statue, l'autre est contre. Chacun a droit à son opinion et il faut la prendre en considération. Plusieurs ont des liens avec la Russie. Moi-même, j'y ai de la famille. Mais je pense qu'il faut la déplacer. Nous pouvons régler nos différends de manière pacifique. J'habite ici depuis trente ans. Personne avant n'avait soulevé la question de la langue. Je parle russe et ukrainien. Nous n'avons jamais eu de problème à ce sujet. C'est Ianoukovitch qui a monté en épingle cette question pour semer la discorde. Je souhaite tout de même que les garderies éduquent nos enfants en ukrainien plutôt qu'en russe, comme c'est le cas actuellement. Nos jeunes doivent connaître leurs racines.

— Êtes-vous restée ici durant l'insurrection ?

— Non, nous sommes partis à Odessa. Mon mari était malade. Il a eu une opération à cœur ouvert. Nous n'avons rien eu à payer. C'est l'État ukrainien qui a tout pris en charge et nous l'en remercions. Nous avons aussi quitté la ville parce que ça bombardait. Notre voisine est morte quand un obus est tombé sur sa maison. Une camarade de classe de ma fille a également été tuée.

— Et qui bombardait au juste ?

— Les bombes qui tombaient sur les maisons, c'étaient des bombes russes, lancées par les rebelles. Je ne peux pas vous l'assurer, mais en majorité, c'étaient des provocations de leur part.

La profession de foi pro-ukrainienne de Natalia est totale. Tellement qu'elle semble surfaite. Elle appuie sans doute réellement l'Ukraine unie. Mais en ces temps troubles, le soutien en silence ne suffit pas. Il faut le crier à tous vents pour prouver sa loyauté indéfectible au pays et aux forces qui dirigent la ville. Surtout quand on est russophone, dans une ville divisée. Devant un journaliste, même étranger, il faut parler ukrainien.

.

Depuis l'incident du sapin sur le Maïdan, des centaines de Lénine ont été déboulonnés à travers le pays. Mais des centaines d'autres restent toujours bien en vue sur les places centrales. Les débats entourant leur sort sont l'un des meilleurs indicateurs de l'allégeance d'une ville ou d'un village à l'égard de la révolution ou des rebelles.

Dans les derniers mois de l'Empire soviétique agonisant, une première vague de *Leninopad* [12] avait déferlé sur le pays. Ou plutôt, sur l'ouest du pays, là où la greffe communiste n'avait jamais pris. L'ancienne Galicie

---

12. « Chute de Lénine ».

polonaise s'était rapidement débarrassée de tous ses Lénine, symbole suprême de la domination soviétique. Parfois, on en avait même profité pour remouler le passé. À Lviv, par exemple, le bronze du leader avait été fondu et recyclé en monument à la mémoire des victimes de la répression communiste. Chez toi à Donetsk, comme en Crimée, Lénine pouvait dormir en paix. En Ukraine centrale, les avis étaient plus partagés, mais la force d'inertie et l'indifférence avaient généralement permis de le maintenir en place.

Jusqu'à la Révolution de la dignité.

Quand les esprits ont commencé à s'échauffer sur le Maïdan, Lénine est revenu à l'ordre du jour. En tant que figure communiste la plus représentée à travers le pays, il devint le symbole de l'Ukraine à la croisée des chemins. Laisser Vladimir Ilitch en place, c'était soit souhaiter un alignement sur la Russie, soit se résigner à celui-ci. Le faire tomber signifiait qu'on voulait au contraire que l'Ukraine prît la voie de l'Europe.

Un soir de décembre 2013, dix jours après les violences autour du sapin, des manifestants ont renversé à coups de masse le Lénine du boulevard Chevtchenko, en plein cœur de la capitale. Le monument avait jusque-là résisté à toutes les révolutions, changements de pouvoir, tempêtes politiques et épisodes de décommunisation.

Le coup d'envoi d'un nouveau *Leninopad* était donné. Selon l'intensité des violences sur le Maïdan, plus ou moins de statues tombaient chaque jour. Le record fut atteint le 22 février 2014, jour où la révolution proclama sa victoire sur le régime Ianoukovitch. En vingt-quatre heures, cent trente-six Lénine se retrouvèrent face contre terre.

Logiquement, c'est l'Ukraine centrale qui en vit tomber le plus, avant et après la révolution. L'Ouest n'avait plus rien à déboulonner. Chez toi, Lénine se transforma malgré lui en icône de la résistance contre la « junte fasciste ».

Et tant que les rebelles resteront en place, Lénine pourra y conserver ses rues, ses places et ses statues.

.

Devant la mairie de Slaviansk, les anti-Lénine font passer une corde autour de la statue controversée. Le nœud vient se serrer sur ses pieds de bronze. Une dizaine de personnes empoignent la corde et souquent sans y mettre un réel effort.

« Tombe, Lénine ! »

Le geste est symbolique. Tout aussi symboliquement, un vieil homme s'appuie contre le piédestal, les bras déployés comme un garde du corps cherchant à protéger son chef d'une foule enragée.

— Non mais pourquoi vous faites ça ? Vous voulez vous débarrasser du libérateur de Slaviansk ? Pour le remplacer par Bandera [13] ?

— Personne n'a mentionné Bandera ici. Nous faisons ça pour la justice.

— Quelle justice ? Vous n'en avez pas déjà assez de voir à la télé tout ce qui se passe par ici ? Laissez tomber !

Aujourd'hui, Lénine restera sur son piédestal. Mais le passé ne paie rien pour attendre [14].

---

13. Stepan Bandera, leader nationaliste ukrainien controversé durant la Seconde Guerre mondiale.

14. Cinq mois plus tard, le conseil municipal de Slaviansk se prononcera pour le maintien de la statue. Malgré cela, le lendemain à l'aube, un groupe nationaliste la fera tomber.

Chapitre 6
SACHA

Un café-bar de Kramatorsk, vers vingt heures. À deux tables de la mienne, deux hommes et une femme s'alcoolisent dangereusement un peu plus à chaque minute, à coups de bière et de vodka. Je capte des bribes de leur conversation. Ils parlent du conflit et de ses conséquences. Une cliente vient engueuler un serveur au bar. Elle l'accuse d'avoir été impoli en lui tournant le dos volontairement alors qu'elle le hélait. Les trois buveurs se mobilisent. Ils demandent le cahier des plaintes au comptoir et passent de table en table pour le faire signer aux clients. « Écrivez comment le service est impeccable ici ! » Je suis en train de parler au téléphone. Je signe pour me débarrasser des ivrognes et poursuis mon appel. Ils retournent à leur table. Le ton de leur discussion monte de plus en plus. Ils ne s'engueulent pas. Ils évacuent le même sentiment. Soudain, l'un des hommes se lève et renverse la table. Les verres et les assiettes vides se fracassent au sol. Il montre du doigt les deux seuls autres clients dans la salle : un étranger, assis à la table en face de la mienne, et moi. Parmi les mots qui sortent de sa bouche ramollie par l'alcool, je n'attrape que « singes » et « pédérastes ». Il est en colère, mais il n'est pas menaçant. Il serait de toute façon beaucoup trop ivre pour se battre. Il quitte l'établissement. La femme paie et s'excuse à répétition auprès des serveurs. Après quelques minutes, l'homme revient et demande pardon à son tour. « C'est aux clients qu'il faut s'excuser plutôt », répond un serveur. Il ne le fait pas et repart. Je demande au serveur ce que l'homme avait contre nous. « Je ne sais pas. C'est peut-être parce que vous êtes étrangers. Pour des raisons politiques. Vous savez, il y a un conflit ici. » Les policiers arrivent un peu plus tard. Les serveurs leur disent de laisser tomber. Ils repartent. L'homme entre de nouveau. Il est avec la femme. Il s'excuse encore. Lorsqu'il se tourne vers moi, je l'invite calmement à s'asseoir à ma table.

Il s'appelle Aleksander. Sacha.

— Je voulais savoir pourquoi vous étiez fâché contre moi.

Il essaie de me parler en anglais et en allemand, deux langues qu'il ne connaît visiblement pas, même sobre. Je lui répète périodiquement que je comprends le russe. Son discours est décousu, mais en rapiéçant les bribes, je finis par comprendre son histoire.

C'est arrivé un soir de septembre, quatre-vingt-dix kilomètres au sud de ce café-bar. Un missile a frappé son appartement de Donetsk. Sa femme enceinte et lui ont survécu. Pas leur fils de quinze ans. Il sort un passeport de sa poche. C'est celui de son fils. Un tampon indique la date de son décès : *12 septembre 2014*. Leur appartement était situé près de l'aéroport de Donetsk, où des combats féroces faisaient rage. Sa femme était enceinte. Le bébé a maintenant trois semaines. Qui a tiré ? « Les *Russians*. » Il en est certain, question de trajectoire. « J'avais une voiture, un commerce, deux appartements et un fils. J'ai tout perdu. Je fais quoi maintenant ? Je pense à prendre un revolver et *paw !* » Il mime son suicide, une balle dans la tête. Après la mort de son fils, sa femme et lui se sont réfugiés à Kramatorsk. « C'est le trou du cul du monde ici. Il n'y a rien à faire. » Il dit avoir essayé de joindre l'armée ukrainienne. « Ils ne veulent pas de moi parce que je suis de Donetsk. » Puisqu'il n'est parti que plusieurs mois après le début de la rébellion, il est considéré comme une taupe potentielle des séparatistes. « De toute façon, je ne pourrais pas supporter de voir un de mes amis dans la mire de mon fusil. La moitié d'entre eux a joint les rebelles. Les salauds. » Il ne peut pas non plus retourner à Donetsk. « Là-bas, ils me prendraient pour un *banderovets* », un nationaliste ukrainien. Ennemi d'un côté, ennemi de l'autre. En son propre pays. Sans avoir rien fait à personne. Sans avoir lui-même d'ennemi.

Périodiquement, Sacha jette un regard vers l'étranger assis derrière. Il le trouve suspect. Il essaie d'attirer son attention, mais celui-ci ne bronche pas et continue de dessiner ou d'écrire dans un cahier. Je le connais en fait, cet étranger. Nous avons été présentés la veille et avons même partagé un taxi avec une amie commune. Il est Américain et travaille pour une organisation internationale. Lorsqu'il est entré dans le café, il ne m'a bizarrement pas salué et depuis, il me fait dos, limitant les possibilités que nos regards se croisent. Moi aussi, je le trouve louche, mais je n'en fais pas de cas. Parfois, je préfère la naïveté à la paranoïa. Qu'il soit un agent déguisé ou réellement un membre de l'organisation qu'il dit représenter ne change pas grand-chose. Sacha ne me confie pas de secrets d'État. « C'est un des vôtres ? » Je réponds que non. Trop compliqué d'expliquer à un homme soûl et méfiant pourquoi deux étrangers qui se connaissent et se retrouvent dans le même café sont assis à des tables différentes et s'ignorent.

Sacha s'excuse pour son comportement et son état actuel. Il me demande de comprendre pourquoi il a tant bu ce soir. Son fils. L'exil. La vie perdue. En plus, sa mère habite en Crimée. Il y a deux semaines, le gouvernement ukrainien a définitivement interrompu les services de train et de bus en direction de la péninsule maintenant sous contrôle russe. « C'est la merde. *Verstehen ? Understand ?* »

Le café-bar s'apprête à fermer. Il est à peine 21 h 30. La dame qui buvait avec Sacha se joint à nous. C'est sa femme, Ioulia. Elle s'excuse à son tour et me souhaite bonheur et succès, tout en tentant de convaincre son mari de la suivre vers la sortie. Le couple se met à converser très fort en ukrainien. Ce n'est clairement pas leur langue maternelle, ni celle qu'ils utilisent d'habitude entre eux. C'est une profession de foi pour la patrie de deux Donetskois qui ont quitté les territoires rebelles sur le tard. Ioulia clôt la discussion par le cri de ralliement des nationalistes. « Gloire à l'Ukraine ! Aux héros la gloire ! »

Nous nous dirigeons tous vers la sortie.

Chapitre 7
DONETSK

Nous approchons du poste de contrôle de Kourakhove. Avant, ce n'était qu'un village du Donbass parmi d'autres. Les aléas de la guerre en ont fait une frontière. C'est ici que mes collègues et moi devons changer de voiture et de chauffeur. Les autorités ukrainiennes viennent de resserrer les règles aux points de passage. Bientôt – personne ne sait exactement quand – les soldats exigeront un bout de papier de plus à quiconque voudra se rendre en territoire séparatiste ou en revenir. Pour l'obtenir, il faudra aller faire la queue dans un édifice administratif – personne ne sait encore où – et prouver qu'on a une bonne raison de se rendre à Donetsk ou d'en revenir. Sans cela, il faudra sortir un gros billet de banque pour convaincre le fonctionnaire de délivrer le laissez-passer malgré tout. Les rebelles sont ceux qui ont fracturé le pays, mais c'est la bureaucratie ukrainienne qui se charge de creuser la division. Il y a deux mois, le gouvernement a cessé de payer les fonctionnaires et les retraités restés dans les républiques autoproclamées. Il a arrêté d'y financer les écoles, les universités, les hôpitaux et les autres services publics. La Banque nationale d'Ukraine a ordonné aux banques de fermer leurs succursales dans ces zones et y a interrompu toute transaction financière.

À chaque jour qui passe, ta famille et toi habitez de moins en moins en Ukraine.

Un homme d'affaires parlemente avec les soldats du poste. Il arrive de Donetsk. Sa voiture est bondée de marchandises. Il leur assure que ses papiers sont en règle, comme les jours précédents quand il faisait le même trajet. En vain. Aujourd'hui, il devra rebrousser chemin.

Les soldats ne s'intéressent pas à notre carte de presse ATO, pourtant délivrée par leurs supérieurs. Le document est valide depuis quelques jours, mais les ordres ne se sont pas encore rendus jusqu'à Kourakhove. Ils veulent voir notre passeport.

Dernier poste de contrôle avant le *no man's land*. Un pylône électrique s'est affaissé dans le champ adjacent. Les câbles frôlent le blé gelé. La récolte ne sera pas bonne cette année. La guérite du poste est composée d'une série de sacs de sable empilés. Des tranchées ont été creusées dans les champs autour. Nous sommes en 2015 ; on se croirait en 1915, durant la Grande Guerre.

Quelques centaines de mètres de neutralité plus loin et nous voilà en territoire rebelle. Le trajet ne prend que deux ou trois minutes, mais nous sommes une heure plus tard : la DNR vit à l'heure de Moscou et non plus à celle de Kiev. Au loin se dessine une mine de charbon. Nous passons un premier poste de contrôle séparatiste, puis un deuxième. Sur un édifice dans le premier village, un graffiti : *Le soleil aime le peuple. Hourra !*

Nous arrivons à Donetsk. Vous êtes plus d'un million de personnes à y habiter. Une bonne partie avait quitté la ville au plus fort des combats, mais plusieurs sont revenus durant l'accalmie des derniers mois. Ta famille, elle, n'est jamais partie.

Donetsk la rebelle s'efforce d'effacer son passé ukrainien. À certains carrefours giratoires, Донецьк est devenue Донецк. Le signe mou (ь), qui distingue légèrement la prononciation ukrainienne de celle en russe, a été arraché. Les panneaux-réclames parlent encore de l'élection séparatiste tenue il y a deux mois. D'autres appellent les Donetskois à s'enrôler dans l'armée de la république pour « défendre le Donbass ». De l'Ukraine, il ne reste plus que des lambeaux de papier indéchiffrables sur quelques panneaux.

Nous nous rendons directement à l'administration régionale, située dans cet édifice que les manifestants anti-Maïdan ont pris d'assaut plusieurs fois avant de pouvoir finalement y proclamer leur république. Dans le hall d'entrée, une photo d'un avion. « Les gens de la République populaire de Donetsk pleurent les victimes de la catastrophe du Boeing 737 de la Malaysian Airlines, mortes à la suite d'un crime de guerre de l'armée ukrainienne. » Le texte est en anglais et en russe. Tous les indices jusqu'à maintenant pointent pourtant vers une responsabilité des rebelles dans la mort des deux cent quatre-vingt-dix-huit personnes qui se trouvaient à bord du vol MH17, abattu au-dessus de la DNR le

17 juillet 2014. Dans les premières heures, des chefs rebelles s'étaient même félicités d'avoir descendu un énième avion militaire ukrainien qui survolait leur territoire. Quand ils se sont rendu compte de leur erreur, ils ont fait disparaître toutes les traces de leur revendication. Depuis, les médias russes se chargent de multiplier les vérités de remplacement :

les Ukrainiens se seraient trompés de cible en voulant assassiner Vladimir Poutine, dont l'avion présidentiel est blanc, rouge et bleu comme celui de la Malaysian ;

la CIA aurait envoyé un avion bourré de cadavres pour le faire exploser au-dessus du ciel rebelle, question d'ensuite accuser les milices.

Le pari de la propagande, Tyoma, c'est qu'à travers toutes ces versions, aussi absurdes soient-elles, la *vraie* vérité ne soit plus qu'une possibilité parmi d'autres. J'aimerais te dire que le côté ukrainien est plus honnête, qu'il sait reconnaître ses torts pour se placer à la hauteur de ses idéaux révolutionnaires. Mais ta propre mort montrera bientôt que ce n'est pas le cas.

.

Ils sont plus d'une centaine à faire la queue devant un immeuble identifié comme « Supermarket », près du cirque de Donetsk. Des personnes âgées et de jeunes mères surtout. Le supermarché n'en est plus un. C'est l'un des points de distribution d'aide humanitaire du Fonds Rinat Akhmetov. L'oligarque le plus puissant de la région, qui doit à la fois plaire à Kiev et aux séparatistes, achète indirectement la paix en fournissant des rations aux vieux et aux vulnérables qui ne reçoivent plus rien de l'État ukrainien, et guère plus du gouvernement rebelle.

Nous ne sommes clairement pas les bienvenus. Rapidement, des employés du Fonds viennent nous embêter. La carte de presse DNR que nous venons de nous procurer ne sert à rien. Ils exigent que nous obtenions une permission spéciale de la part de la direction de leur organisme.

— Les gens attendent dans la faim et le froid et vous venez les déranger.

Des bénéficiaires hargneux se mêlent aux pourparlers.

— Vous voulez montrer comment nous souffrons, c'est ça ?

— Écrivez en français que tout va bien ici, que notre seul problème, ce sont les Ukrainiens qui nous bombardent !

— Sortez les bâtons et les sacs ! lance même un vieillard.

Devant l'hostilité, nous partons.

Au début de la rébellion en avril 2014, des grands-mères nostalgiques brandissaient des portraits de Staline devant l'administration régionale de Donetsk, exigeant la renaissance de l'Union soviétique. Eh bien, la revoilà : des files d'attente interminables pour de la nourriture, comme dans les pires années du régime communiste. Cela dit, le problème n'est pas exactement le même qu'à l'époque. En URSS, les produits étaient introuvables sur les tablettes, en raison de pénuries naturelles ou artificielles. Aujourd'hui, malgré les troubles bureaucratiques grandissants pour les transporteurs, Donetsk continue de recevoir des livraisons en provenance du reste de l'Ukraine. Ce n'est pas *business as usual,* mais les commerçants arrivent à s'en sortir. Ce qui manque, c'est l'argent pour se procurer les produits. Pour les plus démunis, l'aide humanitaire permet de pallier partiellement la difficulté à obtenir leur pension ou un quelconque appui monétaire de l'un ou l'autre des pouvoirs.

Le jour suivant, nous nous rendons à un autre centre de distribution d'aide. Cette fois, une porte-parole du Fonds Rinat Akhmetov s'assure que personne ne nous empêche d'interviewer les bénéficiaires. Aucune permission spéciale n'avait jamais été nécessaire. Dans le doute, les employés du Supermarket avaient simplement inventé des bâtons à nous mettre dans les roues pour se protéger.

J'entame la discussion avec Ioulia Nikolaïevna, une sexa, peut-être septuagénaire. Elle a son coupon dans les mains et attend d'obtenir le sac de provisions prévu pour les retraités. Dans dix minutes, une heure, deux ou plus, elle recevra un kilo de riz, du sarrasin, de l'huile, des conserves, des allumettes, quelques autres produits essentiels et une boîte de chocolat pour célébrer en retard la nouvelle année. Mais nous parlons moins de l'aide que des raisons politiques qui font qu'elle se tient aujourd'hui dans cette file.

« Quand sommes-nous devenus les ennemis des Ukrainiens ? Quand il y a eu le coup d'État à Kiev. Il a été mené par des Juifs. Porochenko est Juif, Iatseniouk est Juif. Avant ça, nous vivions en harmonie. Le Donbass est un endroit multiethnique. Nous comprenons mal l'ukrainien, alors le russe est notre langue commune. Nous nous sommes soulevés pour qu'ils ne détruisent pas nos villes. Ce sont les Américains qui ont mis Porochenko au pouvoir. Ils voulaient se rapprocher de la frontière russe. Ce que nous voulons, c'est créer une *Malorossia*, une Petite Russie. Ce n'est pas important si elle fait partie de l'Ukraine ou de la Russie au bout du compte. Pour l'instant, nous sommes encore officiellement en Ukraine. Peut-être que tout ça finira par une fédéralisation du pays. En ce moment, on ne peut être catégoriquement pour ou contre aucune des options. Mais ce que nous désirons vraiment, c'est un pays florissant. Un pays où on ne nous tuerait pas. Un pays qui ne ferait pas de nous des esclaves. Un pays où nous pourrions travailler pour le Bien. Et le seul pays qui peut nous donner cela, je crois, c'est la Russie. »

Je ne réplique pas. Le conspirationnisme à la sauce antisémite est une croyance. Une croyance requiert une foi imperméable aux contradictions. Ioulia *sait*, en dépit des faits. Il n'y a aucune chance que je puisse la convaincre que ni le premier ministre ni le président ne sont d'origine juive. Mais ce qui me désole surtout, sans vraiment m'étonner, c'est qu'elle imagine un avenir radieux pour sa république autoproclamée si celle-ci est annexée par la Russie poutinienne.

Je vais te faire une confidence, Artyom. Tu as probablement déjà remarqué que je ne cherchais pas à défendre un camp plus qu'un autre dans ce conflit. Au contraire, j'essaie de démontrer que chacun porte sa part de blâme dans le développement dramatique des événements. Les révolutionnaires du Maïdan, les rebelles séparatistes, la Russie, mais aussi l'Union européenne et l'Otan. Ce qui m'importe, c'est l'incidence de leurs décisions et de leurs actions sur les innocents comme toi. Ce que je souhaite, c'est que cette guerre se termine au plus vite et qu'à la fin ceux qui auront survécu aient droit à la paix et à un avenir meilleur. Et c'est pourquoi les illusions de Ioulia m'attristent. La Russie, un pays florissant où on ne tue pas, où les citoyens ne sont pas des esclaves et où l'on travaille pour le Bien ? Vraiment ? Après ces plus de cinq années où j'y ai habité, voyagé et travaillé, rencontrant des Russes de toutes les strates sociales, origines et opinions politiques, j'aurais plutôt tendance à peindre le tableau inverse. Je me souviens par exemple d'une dame, Tatiana, vivant dans un village boueux sans gaz ni eau chaude, situé pourtant à seulement quatre-vingts kilomètres de la bouillonnante Moscou. Elle me dressait un portrait similaire à celui de Ioulia de la Russie sous Vladimir Poutine. Elle n'avait interrompu son flot de louanges que lorsque je lui avais demandé si elle, personnellement, avait vu ses conditions de vie s'améliorer durant ce supposé âge d'or poutinien. « Non, mais vous savez, nous ne sommes que de petites gens. » Sa voisine Raïssa, tout aussi dithyrambique à l'égard du président, confiait qu'elle ne pouvait même pas se permettre d'acheter du beurre. La perception qu'avaient Ioulia et Raïssa de leur pays avait été forgée par la propagande débitée à longueur de journée par les chaînes de télévision, plutôt que par leur propre expérience de la réalité. À la télévision, on ne parlait pas des abus de pouvoir, des exactions, des injustices et de la corruption, tous attribuables à l'arbitraire inhérent à un régime autoritaire. Les causes du mal étaient toujours extérieures ou anecdotiques, jamais systémiques.

Je peux bien sûr comprendre les réticences de Ioulia Nikolaïevna à l'égard du gouvernement nationaliste de Kiev, qui n'a pas pris au sérieux les appréhensions des russophones de l'Est au moment le plus critique. Je peux aussi comprendre qu'elle se sente plus près, culturellement, socialement et historiquement de la Russie.

Vrai : à court terme, elle obtiendrait probablement une pension de retraite plus élevée si Donetsk faisait partie de la Russie plutôt que de l'Ukraine.

Vrai : sa langue y serait mieux reconnue et respectée, puisque majoritaire.

Vrai : le chemin de l'Ukraine vers l'Europe sera long et ardu, et l'Europe n'est pas une panacée. Elle vit aussi des crises économiques. Les représentants de l'État y tuent parfois des citoyens. Les conditions de travail ne sont certainement pas toujours idéales et les intérêts privés se substituent trop souvent au bien commun.

Mais mon instinct me dit que, malgré tous ses travers, le modèle européen demeure une meilleure option pour tous les Ukrainiens, même les russophones de l'Est. En le suivant, ils auraient plus de chance de trouver la dignité, la justice, l'équité, la stabilité et même le confort matériel que s'ils adoptaient celui, autoritaire, de la Russie. Sauf qu'aujourd'hui, avec les peurs, les morts et les reproches qui s'accumulent, ce constat ne peut avoir qu'une incidence minime sur les choix des uns et des autres. Kiev aura beaucoup à faire pour convaincre Ioulia Nikolaïevna qu'elle pourra à nouveau se sentir chez elle un jour en Ukraine.

Un certain Andreï intervient dans la discussion. Il a quarante-quatre ans. Il est venu chercher un sac de provisions pour sa mère malade. « Pendant qu'eux manifestaient sur le Maïdan, nous, nous continuions de travailler. » C'est une façon de parler : Andreï est chômeur. Ses paroles reflètent néanmoins le sentiment général du Donbass ouvrier, soit que le rêve européen était un caprice de bourgeois nationalistes. Ici, la prospérité se bâtit en piochant dans une mine ou en forgeant le métal, insinue Andreï. Pas en pelletant des nuages.

Quand il est allé voter « Oui » au référendum des séparatistes en mai 2014, Andreï n'imaginait pas que la situation allait dégénérer ainsi. « Nous votions pour l'indépendance, mais nous pensions que finalement, nous obtiendrions une fédéralisation du pays, plus d'autonomie pour notre région, ou quelque chose du genre. Je croyais que nous serions toujours rattachés à Kiev, mais qu'on nous laisserait vivre dans notre langue et selon nos traditions. » Il n'avait surtout pas considéré l'option d'une guerre. Pour lui, le blâme de l'escalade revient entièrement aux révolutionnaires de Kiev. « Les premiers qui ont pris les armes, ce sont les gens du Maïdan. »

Andreï clôt notre conversation avec une citation célèbre de l'ancien premier ministre russe Viktor Tchernomyrdine : *Nous voulions ce qu'il y a de mieux. Et nous avons obtenu la même chose que d'habitude.*

Ce qu'il faut y comprendre : la corruption des idéaux et l'autodestruction.

Chapitre 8

QUI A TUÉ ANATOLI IVANOVITCH ?

Les premières funérailles auxquelles j'assiste dans le Donbass ne sont pas les tiennes, mais celles d'Anatoli Ivanovitch Karpov. Il avait soixante ans et il est mort en raison d'une erreur bancaire. On peut retourner les circonstances de son décès dans tous les sens, mais, finalement, sans l'erreur bancaire, il serait toujours en train de s'occuper de ses vignes et de son petit-fils dans sa maisonnette de Chakhtiorsk.

Monsieur Karpov était un retraité travailleur. Et non l'inverse. En théorie, il avait déjà pris sa retraite de l'usine locale d'enrichissement de charbon. Sauf que sa pension de mécanicien était beaucoup trop maigre pour subvenir aux besoins de son foyer. Il s'était donc résigné à continuer de travailler tant qu'il en avait encore la force.

Deux semaines avant sa mort, il a reçu un texto. Une somme importante venait d'être débitée de son compte à la OchtchadBank. Il n'avait pourtant effectué aucune transaction du genre. Il appela la banque et on lui dit d'aller régler le problème à la succursale la plus proche. Or, depuis un mois, toutes les banques à Chakhtiorsk, comme ailleurs en territoires séparatistes, avaient dû fermer leurs portes sous peine de sanction de la Banque nationale d'Ukraine. Anatoli Ivanovitch allait devoir se rendre à une succursale du côté ukrainien et, pour ce faire, traverser la ligne de front.

La nouvelle de la transaction suspecte était arrivée un 29 décembre, cette époque de l'année où les commerces, banques et institutions tournent au ralenti. Il décida d'attendre quelques jours avant d'entreprendre le voyage.

Entre-temps, les combats avaient repris.

Sa fille Olga et lui préparèrent le déplacement. Ils iraient ensemble jusqu'à Volnovakha. En tant que comptable, elle se débrouillait bien avec les chiffres et saurait régler le différend avec la banque. Ils s'y rendraient en autobus, car prendre leur voiture reviendrait trop cher. En ces temps de guerre, le prix de l'essence était de plus en plus élevé.

Le 13 janvier 2015 au petit matin, ils montèrent à bord d'un autobus. Quatre heures plus tard, après s'être arrêtés dans toutes les villes et tous les villages sur la route et avoir passé plusieurs barrages séparatistes et ukrainiens, ils arrivèrent à Volnovakha. La succursale de la OchtchadBank se trouvait sur la rue du 1er mai. Ils en repartirent avec la promesse de voir incessamment réapparaître l'argent sur le compte.

C'est sur le chemin du retour que la guerre les rattrapa. L'autobus était bondé. Anatoli Ivanovitch avait un siège. Olga se tenait debout dans le passage. Un jeune homme lui proposa de lui céder sa place. Elle déclina poliment son offre. Au dernier barrage ukrainien, à la sortie de Volnovakha, les soldats immobilisèrent l'autobus sur le côté pour vérifier les papiers de ses occupants. La procédure était la même pour tous les véhicules. Les passagers attendaient depuis dix minutes quand une roquette s'écrasa sur le bord de la route, à une quinzaine de mètres du bus. Toutes les vitres furent soufflées. Dix des occupants moururent sur le coup, dont le jeune homme courtois qui avait offert son siège à Olga. Anatoli Ivanovitch arriva à l'hôpital de Volnovakha dans un état critique. Après quatre heures d'opération, il rendit l'âme, devenant la onzième victime de l'explosion. Un peu plus tard, ce fut le tour d'une jeune fille de vingt-quatre ans, puis le surlendemain, celui d'un vieillard, portant le bilan à treize victimes.

Quand Olga me raconte le fil des événements, elle est toujours en observation à l'hôpital. Des fragments d'obus se sont logés dans son épaule et son bras gauches. « Si je m'étais assise quand le garçon m'a offert sa place, je serais morte. C'est dur de vivre avec l'idée qu'à un moment vous êtes avec un être cher et que le suivant, il n'est plus là. » Parmi les autres survivants du bus, les prétextes au voyage sont tous aussi banals que celui des Karpov :

Valeri revenait de visiter sa sœur côté ukrainien ;

Vladimir était allé chercher la prime à la naissance du bébé de sa belle-fille ;

d'autres revenaient avec l'argent de leur pension de vieillesse.

Les restrictions imposées aux territoires séparatistes par le gouvernement ukrainien avaient compliqué la vie de tous. Ils se considéraient toujours comme citoyens d'Ukraine, mais avaient le malheur d'habiter au mauvais endroit. Contourner les restrictions pour obtenir leur dû était devenu une entreprise périlleuse.

.

Les funérailles d'Anatoli Ivanovitch ont lieu chez lui, à Chakhtiorsk, trois jours après sa mort. Olga a réussi de peine et de misère à rapatrier le corps de son père.

La maisonnette des Karpov est facile à trouver, rue de l'Internationale. Plusieurs voitures sont garées en face. Une quinzaine de parents et amis sont déjà arrivés. Mes collègues et moi retrouvons Anatoli Ivanovitch dans le salon, allongé dans son cercueil. Sa veuve et sa vieille mère pleurent à ses côtés. Entre les sanglots, elles laissent tomber quelques phrases à voix haute, présumément à notre intention.

— Il a travaillé toute sa vie ! Quarante, cinquante ans !

— Il aidait tous ceux qui étaient dans le besoin !

— Nous avons toujours été unis, dans le travail comme dans les vacances.

— *Ils* vont continuer jusqu'à ce qu'il ne reste plus

aucun d'entre nous. Je veux la paix maintenant, rien d'autre !

— Nous sommes tous pareils, pourquoi nous entre-tuons-nous ?

Leurs allusions politiques sont vagues. Elles ne précisent pas qui sont, selon elles, les responsables de la mort de leur bien-aimé. La famille Karpov ne veut pas d'ennuis. Interviewée à la caméra, Olga demeure prudente.

— Parlez-nous de votre père.

— C'était un bon monsieur. Sinon, il n'y aurait pas autant de gens à ses funérailles.

— Que s'est-il passé au juste ?

— Je ne me souviens pas vraiment de l'explosion...

Dès que le journaliste baisse la caméra, elle parle plus librement.

— Bien sûr que le tir provenait des positions rebelles.

Sa version concorde avec celle des forces ukrainiennes : les séparatistes visaient le barrage militaire, ils sont tombés un peu à côté. Les passagers du bus sont des victimes collatérales, mais cela prouve que les rebelles n'ont aucune considération pour les civils, plaident les autorités ukrainiennes. Depuis, elles brandissent l'exemple de cette attaque sur toutes les tribunes internationales. Les rebelles prétendent, quant à eux, que l'ogive n'a pas pu être lancée à partir de leur territoire. Ils assurent que leur position la plus proche est à cinquante kilomètres de ce barrage ukrainien et qu'ils ne possèdent pas d'armes leur permettant de frapper aussi loin. À partir de cette prémisse, ils développent différentes thèses, dont celle d'une mine que les Ukrainiens auraient eux-mêmes plantée près du bus, puis activée afin de pouvoir accuser les séparatistes de la mort de civils innocents.

Alors, qui a tué Anatoli Ivanovitch et les douze autres passagers du bus de Volnovakha ?

La logique et quelques preuves pointent en direction des rebelles. Or, la culpabilité en temps de guerre n'est pas une question de faits, mais d'opinion.

« Pensez-vous vraiment que *les nôtres* auraient pu tuer comme ça leurs propres gens ? C'est de la provocation, c'est certain. Les Ukrainiens ont tout orchestré. » Ces mots sont prononcés dans le hall d'entrée de la maison des Karpov, à quelques mètres à peine du corps d'Anatoli Ivanovitch. Celle qui les dit est une nièce du défunt, aussi appelée Olga. Elle est venue avec sa mère de Snejnoïe, une autre ville minière pas très loin.

Même famille, autre version.

.

Après l'enterrement, les Karpov nous invitent au café Rendez-vous pour un festin en l'honneur du défunt. Une ancienne collègue d'Anatoli Ivanovitch prend la parole. « Nous avons commencé à travailler à l'usine en même temps. Il a toujours été très travaillant. Il était gentil. Ne parlons pas de politique aujourd'hui. Rappelons-nous comment il était bon. »

En privé toutefois, Olga me confie que son père détestait les rebelles qui contrôlaient sa ville. « Il a beaucoup juré contre eux. Il avait déjà fait partie de l'administration de l'usine et savait donc parfaitement que l'industrie lourde dans le Donbass ne fonctionne que grâce aux subsides en provenance de Kiev. Il était convaincu que ce n'était pas une bonne idée de se séparer. »

Au cours du repas, la veuve d'Anatoli Ivanovitch vient nous entretenir des talents de vigneron de son mari. « Il éditait sa propre petite revue sur la viniculture. Nous attendions toujours au moins cinq ans avant d'ouvrir une cuvée. Celle que vous êtes en train de boire date de 2008. Il n'y a aucun ajout d'eau dans ce vin. J'avais un bon mari. »

Je ne saurais exactement te dire pourquoi, Tyoma, mais c'est ce qui m'a le plus touché aux funérailles d'Anatoli Ivanovitch. Il n'avait pas prévu sa mort et pourtant, il avait quelque chose à nous offrir d'outre-tombe pour célébrer sa mémoire : un vin sucré, qu'il avait lui-même produit avec les raisins de son jardin.

En me disant au revoir, Sacha, le fils Karpov, m'invite à revenir les visiter en septembre prochain, durant les vendanges : « Peut-être que je me marierai à ce moment-là et pour l'occasion, nous ouvrirons une bouteille de 1979, l'année de ma naissance. »

Finalement, Anatoli Ivanovitch avait tout prévu. La vie continuera sans lui, mais il en fera encore un peu partie.

Chapitre 9
UN TAS DE RUINES

En attendant l'entrée d'Alexander Zakhartchenko – il est en retard –, je relis sur mon téléphone des éléments de sa biographie. Il est né, a grandi, a étudié et a travaillé à Donetsk. Il a commencé sa carrière comme électricien dans une mine, mais n'y est pas resté longtemps. Comme les plus débrouillards et ambitieux en ces contrées post-soviétiques, il a tôt fait de se lancer dans le petit business, le genre qui se fait un pied dans la légalité et l'autre à l'ombre de l'économie formelle. La politique aussi, il a longtemps préféré la pratiquer en marge du système. Il dirigeait la branche locale d'Oplot (« Rempart »), une organisation qui venait en aide aux familles des policiers tués en fonction et aux soldats vétérans, en plus de militer contre l'héroïsation des nationalistes ukrainiens qui avaient collaboré avec les nazis. Par ailleurs, Oplot était également un club d'arts martiaux mixtes. Au début de la contre-révolution dans le Donbass, l'organisation est devenue un bataillon armé et Zakhartchenko, un chef de guerre. Et le voici maintenant, moins d'un an plus tard, à trente-huit ans, premier ministre de l'autoproclamée République populaire de Donetsk, entrant dans une salle de conférence en treillis militaire, un pistolet à la ceinture, flanqué de sa garde personnelle.

« Chers journalistes, je n'ai pas beaucoup de temps. Je dois bientôt me rendre à l'aéroport avec la mission de l'OSCE[15]. Je vous demande de vous limiter à une question. » Il n'a aucun vol à attraper à l'aéroport Sergueï-Prokofiev. Il y a plusieurs mois que les avions n'y volent plus. Ce qui l'attend, ce sont les intenses combats qui y font rage et semblent sur le point d'atteindre leur dénouement. Des soldats ukrainiens sont retranchés dans le nouveau terminal de l'aéroport. Ils résistent depuis des semaines aux assauts des rebelles. Dans l'imaginaire ukrainien, ce sont des *cyborgs*, mi-hommes mi-machines, héros suprêmes de la résistance face aux « terroristes » qui déchirent le pays.

Pour Zakhartchenko et ses hommes, la victoire aurait une valeur plus symbolique que stratégique. L'aéroport, complètement remis à neuf il y a trois ans à peine, n'est plus qu'un tas de ruines. Avant-hier, même la tour de contrôle s'est écroulée. Il faudrait des mois et des centaines de millions de dollars – que la DNR n'a pas – pour le rendre de nouveau fonctionnel.

Oui, tu as bien compris, Artyom. L'écho des combats que tu entends jusque chez toi à quelques jours de ta mort, ce sont des hommes qui tuent et meurent pour le contrôle de décombres sans valeur. Ils se battent pour que leur chef puisse ultimement bomber

---

15. Organisation pour la sécurité et la coopération en Europe.

le torse quelques secondes avant de penser à sa prochaine conquête.

« En ce moment, nous terminons le "nettoyage" de l'aéroport. Environ 95 % du nouveau terminal est déjà à nous. Mais il y a encore un peu de résistance. Les soldats ukrainiens ne veulent pas se rendre. Sauf que malheureusement pour eux, les *cyborgs* ne sont pas faits pour fonctionner adéquatement dans nos conditions hivernales. Je pense que, dans une trentaine de minutes, l'aéroport sera entièrement sous notre contrôle. »

Pour Zakhartchenko, le pouvoir ukrainien est le seul à blâmer pour la reprise récente des hostilités et leur continuation.

« Nous, nous sommes prêts à n'importe quelle discussion. Nous ne voulons pas de cette guerre. Ce n'est pas facile en ce moment. Les accords de Minsk [16] ont été rompus. Il y a de lourds combats. Nos frères et nos sœurs meurent. Respectés journalistes, j'invite officiellement Petro Porochenko à l'aéroport de Donetsk. Il est le commandant en chef des forces armées ukrainiennes. Il est président de l'Ukraine. En tant que leader, il a l'obligation de penser à ses citoyens. S'il est un homme, s'il n'a pas peur d'être président, qu'il fasse cesser les combats et qu'il vienne. Je garantis sa

---

16. Premier accord de paix signé le 5 septembre 2014, aussitôt violé.

sécurité à 100 %. Nous allons nous asseoir à la table de négociation, directement dans le nouveau terminal de l'aéroport. Nous allons boire le thé et discuter. Il pourra constater ce qu'il a fait. »

À ce moment, je saisis mieux comment Alexander Zakhartchenko, avec son visage rond et sympathique de bébé mais dur et autoritaire de soldat, a su gravir les échelons de la hiérarchie rebelle jusqu'au sommet. Sa rhétorique est populiste. Il sait proposer l'impossible afin de pouvoir ensuite accuser l'autre de l'échec. Ses intentions fourbes ne s'embêtent pas de la vérité.

« L'Ukraine considère notre gentillesse comme une faiblesse. Nous ne sommes pas faibles. Nous sommes simplement de ces gens qui ne souhaitent pas régler des questions vitales par les armes. Nous avons déjà démontré que nous sommes capables de prendre l'aéroport si nous le voulons. Nous ne l'avons pas fait avant aujourd'hui parce que nous pensions que les Ukrainiens comprendraient d'eux-mêmes et se rendraient. D'un point de vue stratégique, cet aéroport ne sert à rien. Mais la bataille a permis de démontrer que l'Ukraine n'est pas en mesure de mener une quelconque opération militaire de façon adéquate. Ce ne sont pas des soldats. S'ils ne savent pas se battre, que viennent-ils faire ici ? Qu'ils restent à la maison, qu'ils s'occupent de leurs enfants, de leur État. Mieux vaut pour eux ne pas se pointer ici. Personne n'a jamais réussi à mettre le Donbass à genoux. Ce n'est pas l'Ukraine qui réussira. Attaquer un autobus rempli de civils à Volnovakha, bombarder un hôpital alors même qu'une femme y accouche, il n'y a que l'Ukraine pour faire ça. Chez nous, il fait bon vivre. L'électricité n'est coupée que lorsque les Ukrainiens nous bombardent. Nos maisons sont bien chauffées. Les aliments sont moins chers qu'en Ukraine. Maintenant, l'essence aussi est moins chère. Petro Porochenko peut venir le constater. Il sera accueilli chaleureusement. Ses soldats pourront même enfin avoir des vêtements neufs et du thé chaud. Notre problème actuellement, c'est le sabotage de la part des Ukrainiens. Nous avons déjà commencé à distribuer de l'aide sociale à notre population, mais nous n'allons pas aussi vite que nous le voudrions. Nous devons nous battre et, en même temps, remettre notre économie en marche. La liberté coûte cher. »

Après avoir dit tout et son contraire, Zakhartchenko se lève. Il est temps de partir pour l'aéroport. Mes collègues et moi nous engouffrons dans notre voiture et suivons son cortège. Il n'y pas vraiment de décision prise. C'est la suite logique de la couverture des événements de la journée. Et c'est ainsi qu'à un moment dans la vie, après s'être juré de ne pas s'en approcher, on se retrouve à rouler dangereusement en direction d'un aéroport bombardé de toutes parts, à se demander s'il est plus sécuritaire de boucler sa ceinture en cas d'accident ou de ne pas la boucler afin de sortir plus facilement du véhicule en cas d'explosion, et s'il vaut mieux enfiler un gilet pare-balles pour se protéger des éclats d'obus ou ne pas l'enfiler afin de courir plus rapidement en cas de tirs à proximité.

.

Nous nous arrêtons au milieu d'un chemin de terre gelée. Le quartier de maisonnettes en bois aux alentours a lourdement souffert des combats des derniers mois. Tous les habitants ont fui. Il ne reste que quelques chiens, errants ou attachés, pour monter la garde sur la dévastation. Je n'ai jamais entendu de bombardements d'aussi près depuis mon arrivée à Donetsk. Je n'ai jamais entendu de bombardements d'aussi près de toute ma vie. Nous sommes à un kilomètre à peine de l'aéroport. Zakhartchenko est là. Il a troqué son pistolet pour une mitraillette. Il discute avec un soldat du bataillon Vostok, qui mène l'offensive sur le nouveau terminal. Un groupe de journalistes, principalement russes, se tient près de lui. Hormis les miliciens rebelles, d'autres militaires sont présents. Deux ont un drapeau ukrainien cousu sur leur uniforme, trois ont celui de la Russie. Ils font tous partie du groupe de coordination pour un cessez-le-feu, supervisé par l'OSCE. Officiellement, les officiers russes ne sont pas des participants de ce conflit, mais de simples médiateurs. Or, tout le monde sait que leur pays arme les rebelles, les conseille et leur fournit des hommes. Ensemble, ces hommes sont censés *créer la paix* pendant que les leurs se lancent des bombes sur la tête juste à côté.

Zakhartchenko avance vers les micros et les caméras. « C'est notre terre ici. Mes enfants y sont nés et y ont grandi. J'y suis né et j'y ai grandi. Mes grands-pères et arrière-grands-pères sont enterrés ici. Je ne cèderai cette terre à personne. Regardez ce que fait ce régime. Toutes ces maisons détruites... » Une explosion particulièrement proche l'interrompt. Les journalistes frémissent. Il reprend avec l'assurance de celui qui a tout vu. « N'ayez pas peur, c'était assez loin. Quand vous entendez siffler un obus, vous avez encore quatre secondes et demie pour vous couvrir. »

En marge, un officier ukrainien donne son avis sur les combats à d'autres journalistes. Il fait près d'une tête et au moins une décennie de plus que Zakhartchenko. « Nous ne pouvons pas arrêter de nous défendre. Nos soldats meurent dans le terminal. Quand ils cesseront d'attaquer, nous allons arrêter de tirer. Mais il n'est pas question d'abandonner notre terre. »

— Hey, regarde par ici !

Zakhartchenko s'approche à quelques centimètres de l'Ukrainien. Ils sont maintenant face à face et il lui pique son index rebelle dans la poitrine en le houspillant.

— Ça, c'est la maison de ma tante. Tu veux dire

que c'est pour ça que meurent tes soldats, tes monstres, tes vauriens ? Je te le dis en pleine face : je vais anéantir quiconque viendra ici avec une arme, putain ! C'est *ma* terre !

— La maison de mon père est sur la rue Petrovka et elle a été détruite !

— Ce sont tes soldats qui ont fait ça. T'as compris ? Ce sont eux qui l'ont détruite !

Un milicien somme les journalistes de se disperser : « Éteignez vos caméras ! Barrez-vous ! » L'officier ukrainien plonge dans un mutisme complet. Il ne parlera plus à personne. Son camarade, le colonel Petro Kanonik est plus loquace. « Ah ! vous êtes du Canada. Donc vous êtes de notre côté. » Je lui précise que je ne représente pas mon gouvernement et n'ai aucun parti pris dans ce conflit. Je le dis bien fort, pour que les journalistes des chaînes de propagande russes n'aient pas la bonne idée de me transformer en complice des Ukrainiens dans leurs reportages. Mon avertissement ne diminue pas pour autant l'envie du colonel de se confier au Canadien.

« Nous devions nous diriger vers l'aéroport il y a un certain temps déjà, mais Zakhartchenko ne veut pas vous montrer le nouveau terminal avant qu'il soit entièrement à lui. Il fait ça pour l'image. Aujourd'hui, la télé russe et la télé locale ont diffusé des reportages disant que l'aéroport était entre les mains des rebelles. La vérité, c'est que le vieux terminal est sous leur contrôle et le nouveau, sous le nôtre. Ils ne font que mentir. On ne construit pas un État sur des mensonges. Je suis en contact avec nos gars dans le terminal. Ils essuient des tirs nourris. Mais ils sont là pour rester. »

Un peu plus près de l'aéroport, rue des Stratonautes, le colonel Kanonik aperçoit un garage entrouvert. Le sol en face est recouvert de douilles. Des boîtes de munitions sont empilées juste à côté. En ouvrant la porte, il découvre un véhicule blindé frappé de deux étoiles rouges, peint en blanc pour le camoufler en hiver. Il le photographie avec son téléphone. Les rebelles ne l'en empêchent pas. Ils ne le surveillent pas vraiment. À quelques pas de là, des miliciens montent la garde pour empêcher les journalistes de poursuivre leur avancée. Un seul duo est autorisé à accompagner un commando séparatiste vers l'aéroport. Sans surprise, les reporters choisis sont de la télé russe. Un garde au milieu de la route se fait demander s'il a peur. Il est en train de calmement griller une cigarette. Il n'a pas encore vingt ans. « Bien sûr que j'ai peur. » Son visage blasé, presque indifférent, cache l'émotion que colportent ses mots.

Zakhartchenko reprend une fois de plus la parole. « Oui, j'ai perdu les nerfs tout à l'heure. Mais vous savez, c'est très difficile de voir la destruction dans ces rues où je marchais quand j'étais enfant. Je ne comprends pas pourquoi le gouvernement de Kiev a décidé d'attaquer avec ses tanks, son artillerie et ses avions, un peuple qui a mené un référendum pour décider de son sort. Sur le Maïdan, plusieurs slogans parlaient d'égalité, de fraternité et de lutte contre la corruption. Eh bien, en réalité, c'est nous qui avons mis ces idéaux en pratique ici.

« Le Donbass est une terre de travailleurs, de mineurs, de métallurgistes, de paysans, de pêcheurs, de médecins, de professeurs. Pendant qu'ils manifestaient sur le Maïdan, nous, nous continuions à extraire du charbon, à semer du blé, à pêcher du poisson, à faire fondre du métal. Nous savons nous battre. Nos grands-pères et nos arrière-grands-pères se sont battus contre les fascistes. Nous ne pouvons pas trahir le sang dans nos veines. Nous ne pouvons pas oublier les horreurs que les fascistes ont commises. À Kiev ces jours-ci, on organise des marches aux flambeaux. Ça ne vous rappelle rien ? Munich, 1937[17]. N'avez-vous pas remarqué que ça se ressemble beaucoup ? Les croix gammées, les flambeaux. Bientôt, ils vont brûler des livres. Et ensuite quoi ? Des camps de concentration ? Nous, nous sommes des gens pacifiques. Nous voulons la paix. Que Dieu permette à nos enfants de vivre en paix et de ne pas avoir à se battre. »

En soirée, les bulletins d'information des chaînes russes annoncent que l'aéroport est entièrement

---

17. La plus importante marche aux flambeaux nazie a plutôt eu lieu à Berlin en 1933, lors de la prise du pouvoir par Hitler.

sous le contrôle des rebelles, comme l'avait prédit Zakhartchenko. C'est faux. Les combats pour le tas de ruines se poursuivent.

S'ils avaient trouvé un dénouement aujourd'hui, tu serais peut-être encore en vie.

Un samedi après-midi, la veille de ta mort, boulevard Pouchkine, dans le centre-ville de Donetsk. Un homme déguisé en pingouin distribue des dépliants et des pommes pour faire la promotion d'une clinique dentaire. « Passez nous visiter ! » me lance-t-il à travers son épais costume.

Devant l'administration de la DNR, quelques dizaines de babouchkas expriment leurs doléances envers le pouvoir rebelle. Elles ont fui ces mêmes rues près de l'aéroport où j'ai accompagné Zakhartchenko.

— Je dois louer un appartement en ville pour mille hryvnias, mais ma pension n'est que de neuf cents hryvnias par mois !

— Il y a plusieurs appartements vacants à Donetsk. Ils devraient les donner aux gens comme nous qui n'ont plus de toit !

Un milicien posté devant l'édifice me trouve suspect. Il me prend par le bras et m'entraîne à l'écart pour vérifier mes papiers. Tout est en ordre. Il me laisse partir.

En ce milieu d'hiver, les dangers sont multiples dans la capitale rebelle. Mais bien avant les bombes, la plus grande menace à laquelle est confronté le piéton ordinaire se trouve sous ses pieds. Les gels et dégels successifs ont transformé les trottoirs en vraie patinoire. Les employés municipaux ont beau épandre du sable pour favoriser l'adhérence, Donetsk demeure ultraglissante. Y marcher requiert une vigilance aussi soutenue que l'écoute des tirs d'artillerie pour déterminer leur provenance et leur destination.

Autre danger immédiat : les accidents de voiture. Plus les bombardements sont intenses, moins les automobilistes suivent le code de la route. Question de réduire au minimum les chances de se prendre un missile sur le capot, ils roulent le plus vite possible du point A au point B. Les feux de circulation et les arrêts sont devenus optionnels. Notre chauffeur Valera a perdu son gendre comme ça. Une histoire de feu rouge grillé. La guerre n'y était pour rien. Ou pour si peu.

À mon arrivée à Donetsk, je me suis rapidement habitué aux bombes en lointaine trame de fond de la vie quotidienne. Chaque fois que les tirs se rapprochent toutefois, l'habitude se perd.

Dans le ciel ces jours-ci, les oiseaux se déplacent en volées nerveuses et erratiques. Eux non plus n'aiment pas ce qu'ils voient.

En soirée, je rejoins des collègues dans le vieil appartement qu'elles ont loué dans le centre-ville. L'endroit n'a clairement pas été rénové depuis au moins trois ou quatre décennies. Dans le salon se trouve un vieux tourne-disque avec radio intégrée. Modèle VEF, sorti d'une usine de Riga quand la Lettonie faisait partie de l'Union soviétique. Les noms des villes du bloc de l'Est sont inscrits à côté des fréquences. C'était l'époque où les ondes ne transmettaient qu'une seule idéologie. Je le branche et installe un vinyle sur la table tournante. Il fonctionne. Ou presque. Une manivelle est défectueuse. Un seul microsillon tourne à la vitesse appropriée. Pour les autres, je dois effectuer les rotations avec mon doigt, à la recherche du bon rythme, créant au passage des variantes psychédéliques des mélodies. Décidément, le monde ne tourne pas rond.

Nous buvons, nous rions, nous dansons. Par la fenêtre, les bombardements nous obligent à vivre du mieux qu'on le peut. Vivre, juste au cas.

En revenant à mon hôtel à quelques coins de rue de l'appartement, je tombe sur un barrage impromptu de miliciens. Il est près de minuit. Le couvre-feu est en place depuis vingt-trois heures. Ils vérifient mes papiers et me disent de rentrer au plus vite à mon hôtel. À l'Ekonom, la réceptionniste pousse un soupir de soulagement. Elle s'était inquiétée de ne pas me voir revenir avant l'entrée en vigueur du couvre-feu. Elle avait essayé de me joindre, mais mon téléphone était éteint. Elle s'était informée auprès des collègues journalistes qui logent au même hôtel. Son inquiétude était authentique, maternelle. Et, tu sais Tyoma, ça m'a rassuré. Ça m'a rassuré de savoir qu'avec tout l'abject qui se manigance autour, cette dame puisse se faire du souci pour moi, l'inconnu, l'étranger. Pour un moment, je me suis senti moins seul, aimé pour l'unique fait de mon appartenance au genre humain.

.

Le lendemain, je me lève tôt. Au moins une heure avant que tu meures. Les roquettes ont plu une bonne partie de la nuit et ça continue. Dehors, le bruit des détonations se mêle aux chants d'oiseaux. Le soleil n'est pas encore levé. Vers 8 h 10, quand la roquette Grad frappe ta maison et met fin à tout ce qu'aurait pu être ta vie, je suis en train de préparer ma journée. Sur les sites de nouvelles, je lis que les forces ukrainiennes ont lancé une offensive majeure visant notamment à reprendre le contrôle de l'aéroport de Donetsk. Ceci explique cela. Mais ce qui me préoccupe surtout pour l'instant, c'est de trouver des gens d'affaires du Donbass qui accepteraient de me parler. J'ai promis un article à *La Presse* pour expliquer comment ceux-ci réussissent à faire rouler leur commerce dans une république séparatiste déconnectée du système bancaire et sous le coup de multiples restrictions. Depuis des jours que je cherche un interlocuteur, mais tous ceux que j'ai approchés sont méfiants. Ils ne veulent pas d'ennuis avec les autorités ukrainiennes ni avec les rebelles.

À peu près à l'heure où tu cesses de vivre, j'enregistre les bombardements avec mon téléphone. Il n'y a pas encore d'équation dans ma tête entre ces explosions et ton sort. Peut-être ai-je capté ta mort parmi ces quelques secondes.

Ce matin, dans plusieurs villes d'Ukraine et même devant des ambassades russes de capitales occidentales, des milliers de personnes manifestent contre la barbarie des « terroristes » du Donbass et de leur maître moscovite. La mort d'Anatoli Ivanovitch et des douze autres passagers du bus de Volnovakha les a émus. S'adressant à la foule à Kiev, le président Porochenko assure qu'il n'a pas l'intention de céder « un seul pouce » du territoire ukrainien aux séparatistes.

Toi, tu gis sans vie sous les décombres de ta maison.

Je reçois un coup de fil du journal *La Croix*. Ils veulent un papier pour le lendemain. Je me rends devant un hôpital pour enfants, fermé au début des hostilités. Un obus est tombé il y a quelques heures et a endommagé la façade de l'édifice. À l'ombre d'une rue adjacente se tient discrètement une pièce d'artillerie rebelle, montée sur un camion. Elle était probablement la cible du tir.

Dans mon article, je parle de toi sans même le savoir :

> Donetsk s'est réveillé sous les bombes et l'odeur de poudre à canon hier, alors que les combats s'intensifiaient entre forces ukrainiennes et rebelles pour le contrôle de l'aéroport et des quartiers adjacents. Le centre-ville de la capitale séparatiste,

relativement épargné depuis quelques semaines, a aussi été frappé [...].

Au cours des derniers jours, les Ukrainiens avaient reconnu que la situation était difficile pour les quelques soldats qui défendaient toujours ce bastion symbolique, en ruine depuis longtemps. C'est pour sauver ces hommes, de plus en plus isolés, que l'armée a lancé une attaque au petit matin, disant vouloir « *étouffer les positions d'artillerie de l'adversaire qui tirait* » sur l'aéroport, a indiqué le service de presse de l'Opération antiterroriste de l'armée ukrainienne [...].

L'armée de Kiev a annoncé avoir perdu quatre soldats durant l'opération, qui s'est étendue à d'autres zones de la ligne de front. Trente-deux autres militaires ont été blessés. Les autorités municipales de Donetsk, sous contrôle rebelle, ont indiqué que <u>deux civils avaient perdu la vie</u> dans les bombardements.

Pour moi, tu n'es alors que la moitié du chiffre deux.

Chapitre 11
ÉPIPHANIE

C'est jour d'Épiphanie aujourd'hui et toi, tu reposes à la morgue, entre la mort et l'enterrement. Le ciel est plus calme qu'hier. Je me rends avec des collègues dans un restaurant pas très loin de ce qui reste de ta maison. L'établissement dispose d'une grande terrasse en bois jouxtant un étang sur lequel s'avance un quai. Au bout de celui-ci, deux escaliers ont été installés pour que les fidèles puissent descendre dans les eaux, partiellement libérées de la glace pour l'occasion. C'est par ici qu'ils iront, comme chaque année, s'immerger trois fois, au nom du Père, du Fils et du Saint-Esprit. Les haut-parleurs crachent déjà de la pop russe. Les premiers courageux sautent à l'eau. Un groupe de miliciens entre. Parmi eux se trouve Denis, trapu, « trente et un ans, presque trente-deux ». Tous les traits de son visage sont tirés au maximum. Ses camarades et lui arrivent du front. Leur commandant leur a donné une permission de trois heures pour la célébration. Denis vient plonger afin de se « protéger le corps et l'esprit de la guerre ». Il assure toutefois ne pas avoir peur au combat, face à l'ennemi. « La vérité est de notre côté. » Il y a un an encore, Denis travaillait sur les chantiers de construction de l'Ukraine unie. Il est devenu soldat

« à cause du Maïdan ». Il cessera de l'être « quand la junte de Kiev laissera le Donbass tranquille ». Il s'en est passé des choses depuis la dernière Épiphanie. Je lui demande où il se voit à pareille date l'an prochain. « Je serai un gagnant de la guerre et je participerai à une parade à travers la ville. »

Un prêtre fait son apparition. Il s'installe, allume des cierges et entame une messe devant les croyants en maillot, en sous-vêtements ou en robe de chambre. Denis prie comme les autres. Le prêtre les bénit. Sur la route qui longe l'étang passent des camions blindés. La foule les regarde. Certains les photographient. La messe terminée, tous se mettent en fil pour plonger. Une fillette blonde s'approche de l'eau avec sa mère. Elle a l'âge que tu avais encore hier, peut-être moins. Elle hésite à sauter. Sa mère insiste un peu, la soulève et approche ses pieds de l'eau glacée. « Je ne veux pas ! » répète la petite en geignant. Sa mère la repose sur la terre ferme.

Toi, aurais-tu plongé si tu avais pu ?

.

Je discute avec un Cosaque. Il porte une longue toque grise en astrakan et un uniforme bleu marin. Il a la soixantaine avancée et une barbe blanche bien taillée. Konstantin Tchoudakov s'est fait dire qu'il était trop vieux pour le front. Il aide la rébellion comme il peut.

« Nous nous battons pour nos croyances, pour la vérité et la justice alors qu'eux ils se battent pour quelqu'un d'autre. » Il a en tête les Américains ou les Européens, probablement les deux. Pour lui, le « coup d'État » à Kiev était un plan orchestré par des puissances étrangères pour prendre le contrôle de l'Ukraine et la sortir du giron russe. « Nous vivions bien avant. Nous nous respections l'un l'autre. Puis le fascisme est arrivé. À partir de là, c'en était terminé de la tolérance. L'Ukraine nous a interdit de parler notre langue. Nous avons proposé une fédéralisation. On ne pensait même pas à quitter l'Ukraine à ce moment-là. Ils n'ont pas aimé ça. Pourquoi ? Parce que le reste du pays profite des transferts en provenance du Donbass. Et après, c'est nous les méchants ? Maintenant on doit se battre pour notre indépendance. »

Les Cosaques appuient la rébellion contre Kiev. Certains régiments ont même instauré leur propre administration dans quelques localités, parfois concurrente du pouvoir central des républiques séparatistes. Ils prétendent poursuivre le combat des guerriers cosaques des XVIIe et XVIIIe siècles, défenseurs du lien indéfectible entre la Russie et l'Ukraine.

Curieusement, les nationalistes ukrainiens se réclament tout autant de l'héritage cosaque. Pour résister aux forces policières durant l'Euromaïdan, ils ont formé des centuries selon le modèle ancestral et entonnaient fièrement ce passage de l'hymne national ukrainien :

> Nous sacrifierons âme et corps pour notre liberté
> afin de montrer que nous sommes, mes frères, de la
> famille des Cosaques !

La vision qu'ont les nationalistes de ce legs pourrait difficilement être plus aux antipodes de celle des rebelles : pour eux, ces ancêtres héroïques furent les précurseurs d'un État ukrainien démocratique et indépendant de la Russie.

Même histoire, lecture opposée.

Ce qu'aucun des camps ne mentionne cependant, c'est que, pour vaincre leurs ennemis, les Cosaques historiques tuaient, pillaient et violaient. Ils aimaient particulièrement organiser des pogroms contre les Juifs. Ainsi s'exprimait leur soif de liberté et de justice. Les Cosaques étaient des sanguinaires parmi d'autres à une époque où les têtes innocentes roulaient souvent pour des pacotilles. Mais des sanguinaires quand même. Comment les manifestants du Maïdan pouvaient-ils prétendre défendre la paix, la liberté et le respect des droits humains, tout en se réclamant de ces hordes de barbares ? L'Histoire nous léguera-t-elle un jour suffisamment de héros aux mains propres pour ne pas avoir à puiser chez les meurtriers et les destructeurs d'hier pour bâtir nos idéaux ? Avec des modèles comme ceux-là, il ne faut pas s'étonner que les chamailles aboutissent à des bombes.

Chapitre 12

TES FUNÉRAILLES

C'est un vautour qui m'a mené jusqu'à toi.

« Il paraît que l'une des victimes de dimanche était un enfant de quatre ans. »

Chaque matin au réveil, le vautour espère la mort des autres. Il espère une explosion, des cadavres jonchant le sol et, surtout, pouvoir arriver sur les lieux du drame en premier pour tout photographier. Sinon, la mort n'aurait fait que gaspiller des vies. On appelle ça une déformation professionnelle. Ou plutôt, une déformation de la profession. Le vautour n'écoute pas le réel, il fantasme sur ce qu'il voudrait qu'il soit. Nous pratiquons pourtant le même métier. Comme à lui, les tragédies me rapportent de l'argent.

Oui, ta mort est un bon sujet. Elle intéressera davantage que celle d'un soldat ou d'un grand-père. J'irai à tes funérailles. J'écrirai ton histoire. Je ne te pleurerai pas. Tu n'es pas mon drame. Tu n'es qu'une victime innocente parmi d'autres dans cette guerre ; une parmi des centaines le même jour sur la planète.

La seule différence entre le vautour et moi, au fond, c'est que je n'arriverai jamais à me réjouir de la bonne histoire que tu nous auras fournie avant de passer à une autre.

Morgue de Donetsk. Il y a quelques mois, un obus a touché le bâtiment adjacent. Les cadavres ont failli mourir une seconde fois. À l'intérieur, l'odeur de putréfaction envahit instantanément les narines. Elle colle aux vêtements et à la peau. Les visiteurs se couvrent le visage avec un mouchoir. Les employés ont l'habitude. C'est bien ta seule chance : la mort t'épargne l'odeur de la mort.

Dans le couloir au rez-de-chaussée, un bras pend d'une civière. Le reste du corps est recouvert comme il se doit. La civière suivante, ce sont les orteils qui dépassent du drap. La morgue déborde. Dans la chambre mortuaire principale, des humains sans vie sont étalés pêle-mêle sur le sol, dans les coins, sur des tables, certains dans des sacs, d'autres non. Il n'y a aucun système de réfrigération.

Nous ne t'y trouvons pas.

Deuxième étage. Le bureau du directeur. Il s'appelle Dmitri Kalachnikov. Il n'a rien à voir avec les mitraillettes, mais il s'occupe souvent de ceux qui se prennent leurs balles. Il nous prie de nous asseoir. « La situation actuelle est comparable à celle de l'été dernier, au plus fort des combats. Nous travaillons sept jours sur sept. Nous ne pouvons pas arrêter. » La nouvelle année n'a que vingt jours et les établissements qu'il chapeaute dans la région de Donetsk ont déjà reçu cent seize cadavres. « Ce sont en forte majorité des victimes de la guerre et les trois quarts environ étaient des civils. »

Le vautour s'enquiert de toi. Kalachnikov confirme. Tu es mort dimanche, au 5 rue Ilinskaïa. Il nous donne le numéro de ton père. Nous l'appelons. Il est à l'hôpital, au chevet de ta mère et de ton frère. Elle vient de se faire amputer la jambe droite ; il se bat pour conserver son œil gauche. Sa famille est en lambeaux et ton père se met malgré tout à notre disposition. « Voulez-vous que je vienne tout de suite ? » Il n'a pas revu ton corps depuis qu'il l'a trouvé dans les ruines de votre maison il y a deux jours. Nous allons l'attendre dehors, derrière la morgue, là où l'air est respirable.

Une dizaine de personnes patientent dans le froid. C'est par ici qu'entrent les cercueils vides avant d'en ressortir avec les dépouilles. Des miliciens se préparent à recevoir les cadavres de deux de leurs camarades. Ces soldats étaient venus de loin pour mourir ici. De Russie. Ils avaient été intégrés au bataillon rebelle Vostok et ont été tués dimanche, comme toi, dans les combats pour le contrôle de l'aéroport.

Celle qui nous donne ces détails se présente sous son nom de guerre : *Glaza*. « Yeux. » Elle tient sûrement son surnom de ses iris d'un vert éclatant, la première chose qu'on remarque en la regardant. Comme presque tous les simples rebelles, elle ne révèle pas sa véritable identité. Un jour, la guerre se terminera peut-être. Et si le Donbass fait à nouveau partie de l'Ukraine, il faudra réapprendre à y vivre et à faire oublier son passé séparatiste. Glaza a vingt-sept ans. Elle est devenue ambulancière au front, même si elle ne possédait aucune formation, ni médicale ni militaire. Ainsi va la guerre. Elle est mère d'une fillette de huit ans. Durant l'Euromaïdan, elle habitait à Kiev et était employée d'une marque de vêtements. Certaines de ses copines allaient régulièrement manifester sur la place. Pas elle. Après la révolution, elle est retournée dans le Donbass pour joindre la rébellion. Elle s'est acheté un appartement à Makeïevka, en banlieue de Donetsk. Du moins, c'est ce qu'elle dit. Il est possible qu'elle l'ait reçu pour services rendus à la *Novorossia*. Depuis qu'elle a quitté Kiev, ses copines révolutionnaires l'ont désamifiée des réseaux sociaux. Elle s'est créé de nouveaux comptes. En Ukraine, elle n'existe plus. Ici, son travail consiste à se rendre à l'aéroport pour en ramener les blessés et les morts. Elle y va souvent en plein durant les combats. Il lui arrive de récupérer des soldats ennemis, morts ou blessés, et d'aller les reconduire à un barrage ukrainien. Chaque fois, elle ignore si elle sera arrêtée par les forces gouvernementales. Elle dit n'avoir eu connaissance que d'un cas de séparatiste blessé transporté à un barrage rebelle par les Ukrainiens. Dans sa tête, la vertu et l'honneur ne se trouvent que d'un côté de la ligne de front.

Glaza n'a pas le temps d'expliquer pourquoi elle a choisi de miser sur la République populaire de Donetsk pour assurer un meilleur avenir à sa fille. Les corps de ses camarades sortent de la morgue dans des cercueils marron. Ils sont placés dans un camion et prennent la route de la Russie.

.

Ton père, Vladimir, arrive. Il a l'air plus exténué qu'endeuillé. Il ne réalise probablement pas encore ce qui t'est arrivé. Ou peut-être l'a-t-il oublié, pour quelques secondes. Il se met à me raconter son dimanche.

Il était 8 h 10. Il revenait de son quart de nuit à la fonderie. Les roquettes ont commencé à tomber sur le quartier au moment où il sortait du minibus. Il a couru vers la maison. Quand il est arrivé, ta mère était coincée dans les décombres et hurlait. Ton frère Micha était encore conscient, mais un éclat d'obus s'était logé au milieu de son front. Son nez pendait. Ton arrière-grand-mère était prise dans les latrines de la cour. Elle avait survécu à une guerre mondiale. Elle s'en sortirait de nouveau, avec une simple blessure à la jambe. Toi, tu étais caché sous les ruines du salon. Tu ne respirais déjà plus. « Il venait de se réveiller. Il buvait le thé. S'il avait été dans une autre pièce, il n'aurait rien eu. »

Ton père porte les mêmes vêtements depuis dimanche. Son pantalon est déchiré. « J'ai sorti toute ma famille des décombres avec ces mains-là. Elles étaient pleines de sang. » Il fouille dans la poche de son manteau et en sort un carton de jus de pommes et une friandise. « Il m'attendait pour que je lui donne ça. » C'est à ce moment qu'il se met à pleurer. Durant les prochaines heures, je le verrai osciller entre apathie, désarroi et colère.

Ton père a trente ans. Aujourd'hui, il a l'air d'en avoir au moins dix ou quinze de plus. La fonderie qui l'emploie se trouve en territoire rebelle, mais est toujours contrôlée par des intérêts ukrainiens. Toute sa production est envoyée en Ukraine. « C'est là que je paie mes impôts. Ça veut dire que j'ai moi-même contribué à assassiner ma famille. Je ne comprends pas le sens de cette guerre. J'étais contre depuis le début. Je ne suis pas un militaire, je suis un ouvrier. Mon père et mon grand-père étaient des mineurs. Nous avons toujours travaillé. Nous n'avons jamais attendu que quoi que ce soit nous tombe du ciel. »

Le double sens de la métaphore est involontaire.

« Qui me rendra mon fils maintenant ? Qui prendra la responsabilité de cette attaque ? Vers qui puis-je me tourner pour que les coupables soient punis ? Qui voudra de ma famille maintenant, avec ses deux handicapés ? Je ne comprends pas comment ils peuvent être fiers de ce qu'ils font, ces premiers ministres, ces présidents. Pourquoi ne veulent-ils pas simplement *vivre*, comme moi ? Je ne comprends pas non plus la communauté internationale. Elle détourne le regard alors que des criminels tirent sur des populations civiles. Vos gouvernements les aident à nous bombarder. » Il sort son téléphone et me montre une photo de ton frère et toi prise le jour du Nouvel An. C'était il y a trois semaines. Tu es déguisé en pingouin. Tu souris.

« Est-ce qu'ils ressemblent à des terroristes ? »

Ton père est convaincu de savoir d'où provenaient les tirs : de Peski, le dernier village sous contrôle ukrainien avant la zone rebelle. C'est là qu'est positionnée l'artillerie ukrainienne. C'est de là qu'elle bombarde, principalement en direction de l'aéroport. « Il n'y avait pas de cible militaire dans un rayon d'un kilomètre autour de notre maison. Ils ont délibérément visé notre quartier. »

Ses collègues de la fonderie arrivent avec des fleurs. Ils l'ont aidé à organiser tes funérailles, qui auront lieu dans moins d'une heure. Ils entourent ton père et discutent avec lui. Mais soudainement, son visage s'éteint. Il perd connaissance. Ses deux pieds glissent. Personne n'a le temps de le retenir. Il tombe de tout son poids sur la glace. Ses amis se mettent à lui jeter de la neige au visage et à le gifler. Je leur donne ma bouteille d'eau pour qu'ils l'aspergent et le fassent boire. Il se réveille tout aussi abruptement qu'il s'était évanoui, en aspirant violemment une énorme bouffée d'air. Comme s'il quittait un mauvais rêve pour revenir à la réalité. Sauf que son cauchemar est dans ce monde-ci. Son répit aura été bref. Nous le relevons. Ses amis le tiennent par les épaules. Il m'agrippe fermement le poignet en murmurant.

« Les salauds, les salauds... »

Le camion des services funéraires arrive. Ils t'ont apporté un cercueil bleu. Je me demande si ton père en a choisi la couleur. Je me demande s'il a eu à fournir tes mensurations ou si elles ont été estimées en fonction de ton âge. Les porteurs entrent dans la morgue pour y récupérer ton corps. Ils en ressortent après quelques minutes. Le cercueil est ouvert, mais je t'entrevois à peine. Tu prends peu d'espace et ils te tiennent haut. Ton père et ses amis forment une courte procession pour t'accompagner jusqu'au camion. « Sois maudit, Porochenko ! » laisse tomber une femme. « Les enfoirés, les enfoirés ! » crie ton père.

Nous suivons de loin ton cortège jusqu'au cimetière. Tu ne seras pas exposé dans le salon de ta maison comme le veut la coutume et comme le fut Anatoli Ivanovitch la semaine dernière à Chakhtiorsk. Tu n'as plus de maison où être exposé.

Un épais brouillard flotte sur le cimetière Flora. Quand nous arrivons, ton cercueil a déjà été placé sur deux tabourets à l'orée du chemin principal. Une quinzaine de personnes se tiennent en demi-cercle autour de toi. Il y a le père Mikhaïl, ta grand-mère, quelques proches, ton père et ses camarades de la fonderie. De l'autre côté, il y a nous, huit journalistes et photographes. La plupart s'efforcent d'être discrets. « Mettez quelque chose sur sa tête ! » demande ton père. Un bandeau de prière est placé sur ton front. Ta grand-mère dépose ton lapin en peluche à tes côtés. Elle est inconsolable.

C'est la première fois que je peux te regarder longuement. Ton crâne semble avoir été recousu. Ta joue gauche a été lacérée, soit par un éclat d'obus, soit par les débris des murs qui se sont effondrés sur toi.

La cérémonie est loin d'être paisible. Nous réalisons rapidement que l'artillerie rebelle est positionnée quelque part près d'ici, peut-être même dans le cimetière. Depuis que je suis à Donetsk, j'ai appris à différencier les tirs entrants des tirs sortants. J'ai aussi appris que les sortants attirent les entrants. Une riposte approximative des Ukrainiens pourrait nous tomber sur la tête à n'importe quel moment. Je te regarde souvent, mais jamais trop longtemps. Chaque fois, je hoche la tête légèrement et prends un pas de recul. Tout ça est surréel. C'est la première fois que j'assiste aux funérailles d'un enfant de quatre ans. C'est la première fois que j'assiste à des funérailles, tout en ayant à craindre pour ma vie.

Deux camions équipés d'un système de lance-roquettes multiples Grad surgissent du brouillard. Les quarante canons que compte chacun sont vides. Ils ont dû tirer avant notre arrivée. Ils passent à un mètre à peine de tes proches. Je photographie la cause qui vient narguer sa conséquence. Toutes les raisons de haïr la haine, de combattre la guerre, réunies dans le même cadrage :

toi, mort ;

tes proches, anéantis ;

et ces machines, en un morceau, qui ont tué et tue-
ront encore d'autres Artyom, Daria, Maria ou Alekseï
de part et d'autre de la ligne de front, avec la même
négligence criminelle, ces machines qui déciment des
générations, en prétendant défendre l'avenir.

Je te regarde dans ton cercueil et j'imagine ces
dirigeants, aujourd'hui ennemis, qui se retrouveront
demain ou un autre jour dans la salle somptueuse
d'une capitale neutre pour signer un accord de paix.
Ils se serreront longuement la main en souriant, par-
leront de « moment historique », de « paix durable »,
de « reconstruction » et de « réconciliation ». Et toi tu
seras encore et toujours mort. Comme d'habitude, ce
seront ceux qui ont tué ou ordonné de tuer qui auront
le privilège de célébrer la paix et d'être célébrés pour
l'avoir rétablie. Ce sera à la fois un jour de soulagement et la preuve qu'ils sont tous coupables, que cette
guerre était vaine et inutile puisqu'un jour, trop tard,
ils auront su s'entendre. Ce jour-là, je penserai à toi
et j'aurai honte pour ceux qui n'auront pas le courage
d'avoir honte d'eux-mêmes.

.

À la fin de la cérémonie, ta grand-mère et ton père
t'embrassent une dernière fois. Ton cercueil est

refermé et on te transporte une centaine de mètres plus loin, à l'endroit où tu seras enterré. Les tirs continuent. À chaque minute, nous appréhendons un peu plus la riposte. Je n'ai pas le temps d'aller jusqu'au trou où on t'a déposé que tout le monde en revient par les sentiers enneigés entre les tombes. Les camions armés de Grad passent une seconde fois. Je n'arrive pas à voir le visage des soldats qui y prennent place. J'aurais voulu savoir à quoi ressemblent ces hommes qui pressent les boutons pour semer la mort. J'aurais voulu connaître leur vie.

Nous quittons le cimetière et partons à la recherche de ce qui reste de ta maison. Rue Ilinskaïa, quelques bicoques portent les blessures de bombardements récents. Nous nous garons devant celle qui semble avoir été la tienne. Alors que nous sommes à peine sortis de la voiture, des tirs à proximité nous rappellent à l'ordre. Tirs sortants, donc réplique imminente. Je n'ai pas le temps de vérifier l'adresse, juste celui de prendre quelques photos. Nous repartons aussitôt. En nous approchant, nous avions remarqué sur la rue voisine des véhicules militaires et des soldats. Maintenant, tout est clair : de ton quartier, l'artillerie rebelle attaque des positions ukrainiennes. Les Ukrainiens ripostent en pilonnant les alentours sans discernement.

En regardant mes photos par la suite, je remarque au milieu des décombres un tricycle vert aux roues jaunes. Je t'imagine dessus il y a encore quelques jours.

•

Sais-tu ce que j'ai fait tout de suite après tes funérailles ? Je suis allé boire le meilleur *latté* en ville, au Jim's Coffee.

J'ai continué ma vie.

J'y ai rencontré un importateur de café. Il m'a raconté les déboires de son commerce en ces temps difficiles. « Le problème, m'a-t-il expliqué, c'est moins la guerre que la chute de la hryvnia par rapport au dollar. » À chacun ses catastrophes.

En soirée, j'ai mangé une pizza, accompagnée d'une bière, au restaurant Mojito. Il est situé sur la rue Artyom, l'artère principale de Donetsk. Elle a été nommée ainsi en l'honneur du camarade Artyom, un héros bolchevik qui a tué bien des gens au nom d'une idéologie.

Tuer : probablement la meilleure façon d'avoir un jour une rue à son nom.

Chapitre 13

LA HAINE

Un dépôt de bus dans le centre de Donetsk. Un trolley-bus violet aux vitres éclatées. À l'intérieur, une dame balaie la mort. Elle pousse une eau ensanglantée par la porte arrière. La neige tourne au rouge. Sur les bancs, des morceaux de chair. Dans son ventre, la colère.

« Regardez ! Des gens étaient assis ici et ils sont morts. Et après ça, on vient nous dire que c'est nous les terroristes ? Nous sommes des gens pacifiques et travaillants. Nous vivons dans nos maisons, sur notre territoire. Les terroristes sont là-bas, dans l'ouest de l'Ukraine. Pas ici. Notre camarade Sacha, le chauffeur, a été tué. Il conduisait des gens à leur boulot. Maintenant son cerveau est éparpillé dans son trolleybus. Allez voir vous-même dans la poubelle tout ce que nous avons déjà jeté. Et il en reste. Il gagnait de l'argent pour nourrir sa famille. Est-ce qu'il était un terroriste ? Comment pouvons-nous endurer ça ? Sacha avait deux enfants. Qui va les nourrir maintenant ? C'est Porochenko qui va les nourrir ? »

De multiples déflagrations retentissent à proximité.

« Vous entendez ? C'est ce genre de message que nous recevons d'eux. C'est ça, leur aide humanitaire pour le Donbass ! Chaque jour, nous allons au travail sous les bombes. On ne sait jamais si on en reviendra vivant. J'ai une petite-fille de quatre ans. Je ne sais pas où la cacher pour qu'elle soit à l'abri. On ne peut pas sortir dans la rue pour se balader avec un enfant. Il est impossible de dormir. Ni le jour ni la nuit. Mes salutations à l'Ukraine occidentale ! Que Dieu fasse en sorte qu'il leur arrive la même chose à eux et à leurs enfants. J'espère que leurs cerveaux aussi éclateront et s'éparpilleront partout. La revanche viendra un jour. Il y a un Dieu en ce monde. Ils vont payer pour tous ces morts, pour la mort de nos enfants. Ils disent que nous sommes des frères. Où est cette fraternité dont ils parlent ? Putain de sa mère... Je m'appelle Irina Antachiouk. Vous pouvez transmettre mon message dans les médias. J'ai de la parenté en Ukraine occidentale. Ils me disent que nous tirons sur nous-mêmes. J'espère qu'ils verront ça. Et qu'ils disent encore après ça que nous sommes des terroristes. Ils verront qui tire sur qui. »

Irina continue de balayer le sang en jurant contre l'Ukraine. Il n'y a pas de tristesse dans sa voix. Pas de compassion non plus. Pour elle, la justice passe par la vengeance.

.

Un arrêt de trolleybus, rue Kouprine, dans le sud de la ville. C'est ici que sont morts ce matin le chauffeur Sacha et sept de ses passagers, selon le décompte des observateurs de l'OSCE. Les autorités rebelles parlent de treize victimes, le même nombre que dans l'incident de Volnovakha. Elles attribuent l'attaque à des « provocateurs ukrainiens » infiltrés en territoire séparatiste et qui auraient tiré du mortier à partir d'un minibus.

Devant l'arrêt, quelqu'un a déposé un bouquet de fleurs sur le bitume. L'édifice d'en face est criblé d'éclats d'obus. Les commerçants du rez-de-chaussée et les habitants des étages en sont encore à placarder les fenêtres. Quelques dizaines de personnes observent le lieu du drame. Elles attendent quelque chose, quelqu'un.

Arrive un convoi. Alexander Zakhartchenko sort de l'un des véhicules. Le premier ministre de la DNR est vite encerclé par des badauds et des journalistes. Dans quelques instants, une fourgonnette chargée de prisonniers de guerre apparaîtra. Zakhartchenko veut que les soldats ukrainiens qu'il vient de capturer voient ce qu'ont fait les leurs aux Donetskois. « Vous pourrez les regarder dans les yeux », annonce-t-il à son peuple. Une dame âgée l'interpelle.

— Est-ce qu'on pourra aussi leur en mettre un sur la gueule ?

— Oui. Mais s'il vous plaît, ne les tuez pas, comme certains ont essayé de le faire ailleurs.

— Ça ne changerait pas grand-chose si on les tuait.

— Je suis d'accord avec vous. Ce sont des bêtes. Porochenko a donné l'ordre de tirer sans ménagement sur Donetsk. Il veut effrayer la population.

— Donnez-nous-en au moins un !

— Vous voulez que je vous en fasse cadeau ? Je vais vous les amener.

La fourgonnette arrive. En sortent une dizaine d'hommes en lambeaux, aux habits dépareillés. Ils ont été dépouillés de leur uniforme militaire. Ils ressemblent plus à des sans-abris rongés par tous les maux et maladies qu'à des soldats. Certains ont la tête ou les mains bandées. Plusieurs ont des blessures au visage. Il y a quelques heures, ces *cyborgs* étaient encore retranchés dans l'aéroport, à encaisser les balles et les bombes. Ils ont vu mourir les leurs. Ils en sont ressortis vivants. Ce sont des miraculés. Mais leur calvaire n'est pas terminé. Ils doivent maintenant faire face à la haine populaire, servir de boucs émissaires. Ils paient au nom de l'Ukraine.

— Putes américaines !

— Salauds !

— Meurtriers !

La foule leur lance des boules de neige et des morceaux de glace. Les miliciens rebelles les protègent de la colère et du désir de vengeance qu'ils ont eux-mêmes attisés.

Une dame que j'essaie d'interviewer décide de déverser sa rage sur moi. Je paie pour l'Occident.

— Votre OSCE[18] ne nous considère pas comme des humains. L'Europe et les États-Unis ne veulent pas de guerre sur leur territoire, mais ici, ça leur va. Ils se foutent des victimes. Vous voulez montrer que nous torturons les prisonniers ukrainiens, c'est ça ? Vous vous êtes trouvé un spectacle ? Ne vous inquiétez pas pour eux, personne ne leur fera de mal. Mais quand les passagers du trolleybus ont été tués, quand les survivants criaient à l'aide, où étiez-vous ? Pourquoi n'avez-vous pas rapporté ça ? Pourquoi ne dites-vous pas ce qui se passe ici avec les citoyens paisibles qui se font tirer dessus ?

— Nous le voyons et nous en parlons.

— Qui se donne le droit de bombarder des gens pacifiques ? Répondez ! Je vis ici. Vous habitez au Canada. Pourquoi tirez-vous sur moi ?

— Je n'ai pas de réponse à ça.

— Alors pour moi c'est déjà une réponse. Votre OSCE nous regarde avec des yeux vides. Elle a appris en Yougoslavie à regarder ainsi les cadavres.

•

---

18. L'Organisation pour la sécurité et la coopération en Europe a un mandat d'observation en Ukraine. Ses observateurs sont des civils non armés. Elle ne dispose d'aucun pouvoir pour influer sur le cours militaire du conflit. Elle produit des rapports. Chacun des pays membres, incluant la Russie, a un droit de *veto* sur ses publications. L'OSCE est présente sur tout le territoire ukrainien, mais est impuissante.

Assez.

Assez des babouchkas venimeuses, prêtes à tuer la chair de la chair d'une autre femme ;

de l'humiliation publique de garçons hébétés pour faire monter l'ivresse du sang dans la foule ;

des colonnes de tanks qui répandent la certitude de faire le Bien par le mal ;

de la hargne fière, de la haine haute, des doigts sur la gâchette ;

de la mort à revendre qu'ils appellent justice.

Assez. Des collègues qui picorent dans la charogne, demandent des informations, mais refusent d'en partager à leur tour. À la guerre comme à la guerre. Comme s'il n'y avait pas déjà assez de tristesse, de méfiance, d'hypocrisie, de trahisons et de mensonges autour.

Ce que je voudrais ?

Désamorcer la haine, quelque part au milieu des tragédies de chacun ;

que tu ne sois pas mort, Tyomotchka ;

que personne ne soit mort ;

que je n'aie pas la photo de toi dans ton cercueil sur mon téléphone ;

qu'Anatoli Ivanovitch s'occupe encore de ses vignes et de son petit-fils ;

qu'Irina prenne le thé avec Sacha au lieu de ramasser son cerveau sur le plancher de son trolleybus ;

que le matin au Jim's Coffee, on parle du prochain match du Shakhtar en sirotant son café, plutôt que du regain de violence et de l'ennemi absolu, en se drapant dans la vertu.

Ils auront beau dire ce qu'ils voudront, retourner ton cadavre dans tous les sens, la guerre ne sera jamais belle sur le visage de personne. Leur héroïsme n'est pas surhumain, il est antihumain. Chacune de leur victoire est une défaite de plus pour notre espèce.

Dans quelques jours, on m'appellera pour me demander ce qui se passe à Donetsk. Je ne le saurai plus. Je serai loin de tout ça. Je n'aurai rien oublié. J'aurai seulement cessé de les observer jouer à leur jeu. J'aurai cessé de côtoyer la haine.

Chapitre 14
QUITTER LA HAINE

Les autobus ne roulent pas jusqu'à Marioupol aujourd'hui. Avec ces nouveaux laissez-passer que les gardes ukrainiens exigent presque systématiquement désormais, rares sont ceux qui s'essaient à traverser la ligne de front, de peur d'être refoulés ou de ne plus pouvoir revenir par la suite. Sans compter les dangers : si jamais ils étaient immobilisés trop longtemps à Volnovakha, risqueraient-ils de se prendre une roquette comme le bus d'Anatoli Ivanovitch il y a dix jours ?

Un seul chauffeur de taxi collectif accepte de se rendre jusqu'au dernier poste ukrainien, à mi-chemin entre Donetsk et Marioupol. De là, j'espère trouver un autre transport.

L'un des passagers raconte faire régulièrement le trajet entre les deux grandes villes de la région pour son travail. Il n'arrive toujours pas à croire ce qui se passe. Est-ce un mauvais rêve ou doit-il réellement risquer d'être arrêté ou fauché par une bombe pour ces cent kilomètres d'autoroute autrefois si banals et ennuyants ?

Dernier barrage rebelle. Notre voiture n'ira pas plus loin. « Les *Oukrops*[19] risquent de bombarder d'un moment à l'autre », prévient un milicien. Nous rebroussons chemin et notre chauffeur s'immobilise près d'un arrêt d'autobus. Il nous donne le choix. Nous pouvons rester ici et prier pour un improbable bus jusqu'à Marioupol ou revenir avec lui à Donetsk. Nous n'avons pas le temps de décider qu'une fourgonnette multicolore arrive en trombe et se gare à côté de nous. Des rebelles en sortent lourdement armés. « Vous n'avez pas le droit de vous arrêter ici. » Ils exigent nos papiers d'identité. Mon accréditation les satisfait. Les détenteurs d'un passeport ukrainien doivent réciter par cœur les informations inscrites dans leur passeport. « Nom, prénom ? Date de naissance ? Adresse d'enregistrement ? » Ils fouillent nos bagages, puis nous laissent partir.

De retour à la gare, alors que je me suis résigné à être prisonnier un jour de plus de Donetsk, un chauffeur d'autobus passe en criant « Marioupol ! Marioupol ! » Il m'explique qu'il compte délaisser l'autoroute un peu avant Volnovakha pour s'enfoncer sur les chemins de traverse, où les contrôles ne sont pas aussi stricts. À Vougledar, un village dans les terres, un autre autobus nous attendra pour nous ramener sur l'autoroute,

---

19. « Aneth ». Surnom donné aux soldats ukrainiens en raison de sa similarité avec *Oukr*, forme abrégée du mot « Ukrainien ».

passé Volnovakha, puis jusqu'à Marioupol. Le détour en campagne, en forme de chapeau de paille ⌐⌐, prendra plusieurs heures. Mais au moins, nous devrions nous rendre.

Et le pire sera enfin derrière.

.

Quitter la haine
par les chemins de traverse
en fixant les paysages
de pêche blanche
de nature morte

surtout
ne pas donner raison aux vautours
ne pas se nourrir
des sourires vénéneux
des silences éclatés
des shrapnels sur la joue des autres

surtout
ne pas devenir
langue d'or de couleuvre
ou œil vil de faucon
ne pas miser
une seule riposte
à la tombola du perfide

résister
à l'irréparable

revenir à ce qui pousse
aux boum boum
d'enfants ivres
qui courent l'étage au-dessus
aux grands-mères
qui chialent pour rien
aux ciels de moineaux
au vent dans le dos

retrouver
la bonté possible
l'équilibre sur l'horizon

.

Marioupol, à la nuit tombée. La ville n'a pas connu la guerre depuis cinq mois, depuis que les forces ukrainiennes en ont chassé les rebelles. Me voici loin des violences. Du moins, le crois-je.

Chapitre 15
RATTRAPÉ

Des amies, solidaires, faiseuses de paix, semeuses de tendresse, m'accueillent hors de la haine. Nous buvons, nous chantons. Dans les haut-parleurs, Olga Arefieva crache avec nous sur les bombes :

> Au diable la guerre
> qu'elle aille se faire foutre !
>
> Assez de toujours reconstruire sur des ruines
> Assez de cette bataille sanglante pour la paix
> Au diable la guerre
> qu'elle aille se faire foutre !

.

Neuf heures vingt minutes, le lendemain matin. Les murs de la maison se mettent à trembler violemment. Une trentaine de secondes, puis plus rien. La confirmation du pire arrive quelques minutes plus tard par les médias locaux. Une attaque de Grad a frappé un quartier à l'est de la ville, à douze kilomètres d'où je suis, derrière l'immense mur d'aciéries qui se dresse dans le paysage. Les morts se comptent vite par dizaines.

Je suis venu à Marioupol parce que je n'en pouvais plus de cette sale guerre. La voilà qui me rattrape. Je voudrais l'ignorer, mais je n'y arrive pas. Je ne peux me résigner à lui tourner le dos, à ne pas *aller voir ce qu'il faut voir*, constater ses ravages pour en témoigner. Je suis probablement le seul correspondant étranger dans la ville. Tous les autres sont aux épicentres du conflit, à Donetsk, Lougansk, Debaltseve. Marioupol n'en est plus un depuis des mois.

Je mets deux heures à me décider, à attendre une seconde salve ou une riposte. Aucune ne vient. J'appelle un taxi. Pas besoin d'adresse. Quand j'approche du lieu approximatif de l'attaque, les ruines fumantes me guident. Le taxi me dépose devant la ruelle Iasny. J'y rencontre Oksana. Sa maisonnette pour invités, récemment bâtie dans le jardin, a été éventrée par un obus. Il n'y avait heureusement personne à l'intérieur. Oksana ne veut pas s'avancer sur la provenance de l'attaque. Son voisin Evgueni, lui, n'a pas de doute : « De l'est bien sûr. Nous sommes à onze kilomètres de Chirokino, où sont positionnés ces gentils garçons. Avec quelles armes ont-ils tiré, demandez-vous ? Des armes russes. Il ne me semble pas, je le sais. Ce sont eux qui fournissent ces alcoolos, ces bandits de rebelles. Ils ont décidé de nous faire ce cadeau en fin de semaine pour déstabiliser la situation ici. Marioupol est la seule ville de la région qui fonctionne normalement ces temps-ci. Tant que la Russie fournira les rebelles, ce conflit ne connaîtra pas de fin. La Russie ne veut pas d'une Ukraine qui vit bien. »

Une douille de roquette se tient droite dans la cour d'Evgueni. Il s'apprête à recouvrir les fenêtres de sa maison d'une pellicule plastique. Elle demeurera inhabitable pour le reste de l'hiver. Après, il verra ce qu'il peut faire. La guerre lui a fait perdre son emploi dans un orphelinat, fermé dès le début des hostilités. Maintenant, elle lui a volé sa maison. Et sa fille y a échappé de près. L'attaque de ce matin a tapissé sa chambre d'éclats d'obus. « Quand j'ai vu par la fenêtre les premières roquettes tomber sur le marché Kievski, je suis allé l'attraper et je l'ai poussée dans la cuisine. Sinon, elle serait morte, c'est certain. »

Je poursuis mon inspection du quartier. Plusieurs édifices ont été écorchés, certains partiellement détruits. Les pompiers combattent les flammes qui dévorent un magasin de jouets. Dans un stationnement, les carcasses d'une quinzaine de voitures fument à côté d'un large cratère dans lequel est enfoncée la pointe d'une roquette. Près de la guérite se tient le propriétaire du stationnement. Il était au même endroit ce matin lors de l'attaque. « Je n'ai rien vu, je regardais par terre. Je suis tombé et suis resté au sol. » Sa main porte quelques éraflures dues à sa chute, ses oreilles bourdonnent, mais autrement, il est en pleine forme. À une dizaine de mètres de là, une autre roquette est pourtant venue se planter dans le bitume. Si elle était tombée deux ou trois mètres derrière, les éclats qu'elle a projetés n'auraient probablement pas épargné l'homme. Quant à la première roquette qui lui a coûté son stationnement, il en a été protégé par le mur de tôle de la guérite. La différence entre la vie et la mort n'a été pour lui qu'une histoire de quelques mètres et d'une règle de physique.

J'observe les cratères. Ils ne laissent place à aucun doute : les ogives provenaient de l'est, des territoires rebelles, comme l'assurait Evgueni. Rien d'étonnant. Marioupol est sous le contrôle du gouvernement. Les rebelles veulent la reprendre. Ce sont eux qui tirent indistinctement. Comme les Ukrainiens sur ton quartier il y a six jours, Tyomotchka. Dans un cas comme dans l'autre, je n'arrive pas à croire que les civils étaient leur cible. Peut-être que je me trompe. Peut-être ont-ils une stratégie diabolique de tuer des innocents pour miner le moral du camp adverse. Je préfère présumer que les bombardements sur les zones résidentielles sont plutôt le signe d'une incompétence phénoménale des artilleurs, jumelée à une indifférence criminelle des belligérants à l'égard de la vie humaine.

Quelques tirs de mortier isolés résonnent au loin. J'aperçois des gens réfugiés dans le sous-sol d'une tour à logements. C'est le seul abri antibombe qu'ils ont à leur disposition. À l'intérieur, je trouve des pacifistes pris en souricière. Ils sont terrés dans la pénombre depuis le matin. « Nous sommes comme des otages ici. Des otages à la fois de l'Ukraine et des rebelles », dit Anatoli, un ingénieur à la voix calme. La retraitée Maria Vasilievna renchérit : « Il faudrait que les représentants de la République populaire de Donetsk et ceux du gouvernement ukrainien s'entendent d'une façon ou d'une autre pour qu'il n'y ait plus de victimes. Il faut qu'ils fassent la paix. Parce que tout cela n'apporte rien de bien à personne. Ils devraient réfléchir un peu, avoir de l'empathie pour les gens et ils comprendraient qu'il faut arrêter. J'ai soixante-seize ans. À mon âge, s'il m'arrive quelque chose, ça ne me dérange pas. Mais je suis peinée pour les enfants, les jeunes. » L'impuissance et le désarroi d'Anatoli et Maria sont à la fois tristes et rassurants. Il se trouve encore des gens qui ne cherchent ni victoire ni vengeance. Seulement la fin de la guerre.

Je ressors du sous-sol. À peine ai-je avancé de quelques mètres qu'une salve de Grad vient briser le silence. Je retourne sous terre, avec Anatoli et Maria. Il est 13 h 02. Il s'est écoulé près de quatre heures depuis la première attaque. Cette nouvelle rafale semble s'être abattue loin du quartier.

Je ne suis pas ici pour risquer ma vie. Ce bombardement me le rappelle.

Je décide tout de même d'aller voir l'état du marché Kievski, apparemment l'endroit le plus touché par les tirs du matin. Juste une dernière petite bravade avant de repartir.

À travers ce qui était jusque-là un mur du marché, j'aperçois Aleksander piétiner les débris de sa boutique informatique. Il m'aide à grimper à l'intérieur.

— Ce qui est arrivé, je ne le sais pas. Comment cette roquette est tombée ici, je ne pourrais pas le dire. Le marché ouvre un peu avant neuf heures, mais la plupart des commerçants arrivent plus tard. Heureusement, mon employé n'était pas en avance.

— Qu'allez-vous faire maintenant que votre magasin est en ruine ?

— Vivre. Continuer à vivre. Je n'ai plus rien. Pas d'assurances. Personne n'assure plus personne de toute façon à cause de la guerre. Et même si j'en avais eu, je ne pense pas que j'aurais été indemnisé. Dans un pays comme le nôtre, on trouve toujours un moyen de vous abandonner à votre sort. L'important, c'est que nous soyons vivants. Tout ce pour quoi j'ai travaillé durant toutes ces années...

Aleksander n'a pas le temps de terminer sa phrase. Une nouvelle série de tirs saccadés fait trembler le ciel. Encore des Grad. À quelques kilomètres d'ici, quelqu'un a appuyé sur un bouton et quarante roquettes se sont envolées. Le vacarme laisse présager qu'elles nous tomberont peut-être dessus.

La suite, Tyoma, tu la connais : l'échoppe vide, mes tergiversations d'ignorant, moi en petite boule au milieu de la pièce, attendant le pire.

Puis rien. La chance. La vie.

Après ça, l'anormalité reprend vite son cours dans le marché. Soit les commerçants excellent dans l'art de la dissimulation des émotions, soit ils sont aussi fatalistes qu'ils le paraissent en poursuivant leur inventaire des décombres. De mon côté, j'en ai assez. Trop. Je n'en voulais pas autant. Sur le chemin du retour, je me maudis. Je me trouve stupide *a posteriori* d'avoir risqué ma peau, ne serait-ce que minimalement. Il n'est rien arrivé. Mais tout aurait pu arriver. Je n'avais aucun contrôle sur les boutons de commande des Grad de Chirokino. Je ne suis pas traumatisé, mais je suis loin d'être fier. Je ne me permettrai jamais de raconter cet épisode avec le sourire du téméraire. Je ne joue pas à ce jeu. Je ne suis ni chat ni souris. Je suis un drapeau blanc.

Nakhrena nam voïna, pochla ona na !

Au diable la guerre, qu'elle aille se faire foutre !

À la fin de la journée, le bilan atteint trente morts et une centaine de blessés. De son lit d'hôpital, le soudeur Sergueï résume la philosophie des drapeaux blancs :

« C'est la guerre qui nous a tiré dessus. »

Il n'avait rien demandé, mais a reçu quand même. Cette fois de l'un, la prochaine, peut-être, de l'autre.

.

Le surlendemain est jour d'enterrement à Novotroïtskoïe, un cimetière gris et déprimant, à l'ombre des aciéries. Larissa, une ingénieure à la retraite de soixante-six ans, est mise en terre. Vers 9 h 20 samedi, des éclats d'obus ont frappé ses organes vitaux. « C'était une patriote de l'Ukraine, elle allait aux barrages donner de la nourriture aux soldats », me confie son amie Liouba. Le fils de Larissa se met en colère en voyant des caméras. Il en abîme une. Durant ces mois d'accalmie, Marioupol a eu le temps de perdre ses réflexes guerriers. Elle ne veut pas laisser quiconque instrumentaliser ses morts. Si le conflit finit par retrouver sa place dans la ville, les attitudes changeront certainement. Mais pour l'instant, le refus de prendre parti sonne comme une espérance que les attaques de samedi resteront une exception ; que personne n'aura à rechausser sa haine et choisir son camp.

Le jour même, je quitte Marioupol, sans attendre de savoir si le conflit viendra s'y réinstaller.

Chapitre 16
UN PÈRE ENDEUILLÉ

Il entre dans le café et me tend l'une de ses immenses mains, si immenses qu'il se sent obligé de faire remarquer leur disproportion avec les miennes. Nous nous assoyons et commandons à boire.

« Je vais vous expliquer pourquoi mon fils s'est retrouvé sur la Place grecque d'Odessa le 2 mai 2014. »

C'était il y a neuf mois. La journée la plus sombre et la plus controversée de l'histoire moderne d'Odessa. La journée la plus sombre de la vie de Louka Losinski.

Cet après-midi-là, deux manifestations concurrentes, pro et anti-Maïdan, se déroulent dans le centre-ville. La confrontation verbale tourne vite à l'affrontement physique : quelques coups de poings et de bâtons, quelques pierres lancées, puis quelques coups de feu, qui se soldent par une poignée de morts et de blessés. Le camp des anti-Maïdan, moins nombreux, se replie et trouve refuge dans l'édifice de la Maison des syndicats. Les combats se poursuivent. Des cocktails Molotov et d'autres projectiles sont échangés de l'intérieur de l'édifice vers l'extérieur, et de l'extérieur vers l'intérieur. La police est impuissante. Un incendie se déclare. La plupart des militants réussissent à sortir, parfois avec l'aide de leurs adversaires, qui se sont rendu compte qu'une hécatombe est imminente. D'autres anti-Maïdan restent coincés sur les étages supérieurs. Ils meurent asphyxiés, brûlés ou en sautant par les fenêtres pour échapper aux flammes. Plus de quarante victimes au total.

Genia, le fils de monsieur Losinski, faisait partie des premiers blessés, tombés sous les balles lorsque les deux manifestations sont entrées en collision. Il est mort neuf jours plus tard à l'hôpital.

.

« C'était sa première participation à un événement du genre. Il était du côté des anti-Maïdan. Pourquoi y a-t-il pris part ? Voyez-vous, les deux grands-pères de Genia ont combattu durant la Seconde Guerre mondiale. Le premier, mon père, a défendu Odessa. Il était dans la Marine soviétique. Il s'est porté volontaire à dix-sept ans. Quand il a été blessé et a eu son congé de l'armée, il y est tout de même resté et a grossi les rangs des partisans contre les fascistes. Il a fini la guerre en Hongrie en 1946. Son grand-père maternel s'est, quant à lui, battu à Leningrad, pour ensuite participer à la prise de Berlin. Pour Genia, la Seconde Guerre mondiale était sacrée. Il adorait ses grands-pères. Lui et moi participions à des reconstitutions des grandes batailles historiques. Le 10 avril, nous célébrions le jour de la libération d'Odessa. Le 9 mai, c'était le jour de la

Victoire. Et le 4 août, les commémorations du début de la défense d'Odessa. Pour lui, c'était un divertissement très sérieux. Il y en avait qui s'habillaient en soldats de l'armée allemande et nous, nous étions en uniformes soviétiques. Genia connaissait bien l'histoire. Il l'avait étudiée. Il était profondément touché par ces gens qui avaient sacrifié leur vie pour défendre le monde contre le fascisme. Durant les célébrations, nous portions le ruban noir et orange de Saint-Georges. Aujourd'hui, les rebelles de Donetsk et Lougansk en ont aussi fait leur symbole. Plusieurs pensent désormais que c'est un symbole de séparatisme. Mais à l'origine, ce ruban unissait les peuples soviétiques qui avaient vaincu l'Allemagne nazie. Sans la lutte que représente ce ruban, il n'y aurait pas d'Ukraine, ni même de Russie. Il n'y aurait qu'une grande Allemagne fasciste. Il ne faut pas oublier que, dans l'ordre, nous avons vaincu les nazis, et ensuite seulement nous avons pu construire l'Ukraine. Genia portait le ruban quand il est allé sur la Place grecque. Il n'aimait pas que le nouveau gouvernement impose le culte de Stepan Bandera et de Roman Choukevitch, les nationalistes ukrainiens qui se sont battus aux côtés des SS. Cela dit, quand on y pense bien, leur combat n'était pas très différent de celui des séparatistes d'aujourd'hui à Donetsk et à Lougansk. Ces nationalistes faisaient partie d'une minorité qui se battait pour sa liberté contre un pouvoir central oppresseur. Ils ne cherchaient pas à conquérir le territoire d'un autre. Comme les gens de Donetsk et de Lougansk en ce moment, ils voulaient leur indépendance et collaboraient avec une puissance d'occupation en espérant l'obtenir au bout du compte. On ne peut pas utiliser des critères différents pour juger les sympathisants de Bandera de l'époque et les séparatistes d'aujourd'hui. Soit on dit qu'ils sont tous mauvais, soit on dit qu'ils sont tous bons. Je n'ai rien contre la reconnaissance de Bandera et des autres comme des héros en Ukraine occidentale, où ils se sont battus. Plusieurs ont un grand-père qui a participé à ce mouvement et ils veulent l'honorer. C'est bien comme ça. Que chacun ait ses héros. Je n'irai pas à Ternopil pour saccager une statue de Bandera. Mais pourquoi m'interdit-on désormais d'agiter le drapeau rouge soviétique lors de célébrations ? Pourquoi veut-on détruire les monuments à la mémoire de mes héros, de mes ancêtres ? Genia revendiquait le droit de continuer à agiter ce drapeau. Il refusait qu'on lui interdise de vivre comme nous avions toujours vécu. Il ne voulait pas qu'on le force à considérer les héros des autres comme les siens. Il voulait qu'Odessa demeure Odessa. Ici, on se salue en disant « *Zdravstvouïte* », en russe, « *Shalom* », en yiddish, et « *Dobrovo dnia* », en ukrainien. Maintenant, plusieurs activités publiques, comme les séances à l'hôtel de ville, débutent avec un « Gloire à l'Ukraine ! Aux héros la gloire ! » C'était la devise des nationalistes ukrainiens durant la Seconde Guerre mondiale. Pourquoi veulent-ils nous forcer à prouver notre patriotisme en se saluant avec ces phrases ? C'est contre cela que Genia est venu manifester sur la Place grecque.

« Je crois que s'il a été tué, c'est parce qu'il sortait du lot. Plusieurs manifestants avaient des casques de la Seconde Guerre mondiale, mais lui, il portait son costume de tournoi médiéval. Nous participions aussi à des reconstitutions de ces tournois du XIVᵉ siècle. Il avait un casque avec visière, une armure, un bouclier en bois et une massue en caoutchouc. Il y a une photo de lui, prise cinq minutes avant qu'il soit abattu. On le voit, assis sur le trottoir, son bouclier à côté de lui. Il a passé toute la manifestation à défendre ses copains et même des inconnus contre les pierres et les bouteilles qui leur étaient lancées. Il n'attaquait personne, il ne faisait que se défendre. Je ne veux pas dire qu'il était parfait. Il y était allé pour se bagarrer, comme les autres. Il était maximaliste. Quand on est jeune, on voit souvent les choses en noir et blanc. Sur l'une des vidéos, on voit Genia dans la première rangée. Puis la caméra se tourne et on aperçoit un gars, le visage masqué, qui tire dans sa direction avec une arme de chasse. Il fait feu à quatre reprises. C'était la seule personne avec une telle arme sur la place. Genia a reçu de multiples plombs dans le corps.

« Cinq cents personnes sont venues à ses funérailles. Il n'était pourtant pas un héros, ni un journaliste connu ou une quelconque figure publique. C'était un garçon ordinaire, un Odessite. Parmi ceux qui se sont déplacés, il y avait des anti-Maïdan, mais aussi des pro-Maïdan. Personne ne le voyait comme un séparatiste ou quoi que ce soit du genre. Ils l'aimaient, simplement. Genia n'était pas seulement mon fils. C'était aussi mon ami et mon partenaire d'affaires. Nous avions une entreprise d'importation d'épices ensemble. Nous allions régulièrement à Madagascar, en Tanzanie, au Kenya. Il revenait d'ailleurs de quatre mois à Madagascar. Nous participions aux reconstitutions historiques ensemble, nous faisions de la plongée et de l'équitation ensemble. Nous allions à la chasse et à la pêche. Nous partagions les mêmes opinions. Perdre mon fils a été très douloureux. Mais je n'ai pas honte de la façon dont il est mort. Il est sorti dans la rue pour défendre ses idées. Ce n'est pas normal qu'il soit mort pour ça. Mon fils adorait l'Ukraine. Nous allions chaque année en Crimée. Il avait des amis partout à travers le pays. Il voulait une Ukraine démocratique, un État de droit. Cet État n'existe malheureusement pas encore. Il est mort pour ça.

« J'ai regardé toutes les vidéos disponibles pour comprendre ce qui s'était passé. C'est ainsi que nous avons retrouvé le présumé meurtrier. Il s'appelle Ser-gueï Khodiak. Je ne peux pas dire que c'est lui le tueur, parce que je crois en la justice et en la présomption d'innocence. Mais il y a de sérieuses preuves contre lui. Khodiak était de toutes les manifestations. Nous avons transmis à la police toutes les preuves que nous avions amassées. Elle l'a arrêté deux jours plus tard. Il était déjà connu dans le monde criminel. Il était aussi membre du groupe ultranationaliste Pravy Sektor. Quand il était en détention, ses amis sont venus avec des pneus et des cocktails Molotov devant la prison et ont réclamé qu'il soit libéré, soi-disant parce qu'il avait été arrêté illégalement. Les autorités l'ont sorti par une porte arrière et l'ont amené à Kiev. À son procès là-bas, cent cinquante personnes sont venues mettre de la pression sur le juge. Khodiak a été placé en résidence surveillée, mais après six mois, en vertu de la loi, il a dû être relâché. Maintenant, il se balade en ville sans être embêté par qui que ce soit. Je comprends qu'il n'aura jamais à subir son procès. S'il comparaissait, quelques centaines de ses partisans viendraient protester, disant qu'on juge un héros, un nationaliste qui s'est battu pour Odessa et pour l'Ukraine. Dans une entrevue, il a lui-même dit que son cas ne devrait pas être traité par des enquêteurs et des juges, mais par des patriotes de l'Ukraine. C'est absurde. La loi devrait être la même pour tout le monde. Sur Internet, on trouve beaucoup de gens pour dire que lui et les autres responsables de la tragédie du 2 mai ne devraient pas être jugés parce qu'ils ont sauvé Odessa d'un scénario similaire à ceux de Donetsk et de Lougansk. Pour eux, la mort de quarante-sept personnes a permis de couper court aux velléités séparatistes de certains et de préserver la paix dans la ville.

« Si c'était mon fils ou un autre anti-Maïdan qui avait tué quelqu'un, tout se serait déroulé bien différemment. Ils auraient rapidement été jugés et condamnés. Aujourd'hui, les anti-Maïdan sont considérés comme des ennemis de l'État. Le gouvernement entretient l'idée d'une piste russe pour expliquer les événements du 2 mai. Même chose pour les attentats à la bombe qui ont lieu ces temps-ci à Odessa et qui ne font bizarrement jamais de victime. Si les Russes voulaient vraiment nuire, ils ont assez de spécialistes pour organiser de vrais attentats meurtriers. Ils feraient probablement sauter des ponts pour couper Odessa du reste du pays. Je crois que c'est plutôt le pouvoir en place qui organise ces attentats terroristes pour justifier l'envoi de troupes dans la ville. Il est plus facile de contrôler les masses en montrant du doigt un ennemi extérieur. Comprenez-moi bien. Je ne soutiens pas du tout l'occupation russe de l'Ukraine ni Poutine. Par contre, je pense que, dans 90 % des cas, cet ennemi extérieur auquel on essaie de nous faire croire est imaginaire. Tant qu'il y a la guerre à Donetsk, tant que l'on combat ce soi-disant ennemi, personne ne peut exiger de comptes du gouvernement. Personne ne peut lui demander pourquoi le pays s'appauvrit chaque jour un peu plus. En réalité, nous sommes tous coupables de ce qui nous arrive. En vingt-cinq ans d'indépendance, nous n'avons rien su bâtir. Nous ne pensons qu'à détruire, éliminer. Avant, il y avait de grandes usines partout. Elles n'existent plus. Pourquoi mettons-nous toutes nos énergies à démanteler des statues de Lénine plutôt qu'à construire des usines ? Une génération entière a été perdue. Pardonnez-moi, mais aujourd'hui, les filles ne rêvent que de devenir des prostituées et les garçons, des bandits. Plusieurs parents n'ont pas cru bon d'éduquer leurs enfants. Et malgré tout cela, les nationalistes disent à ces jeunes que les Ukrainiens sont supérieurs aux autres peuples. Il s'est passé la même chose en Allemagne dans les années 1930 avec la race aryenne. Aujourd'hui, le simple fait d'appartenir à la race ukrainienne est censé être un signe de supériorité. Pas besoin de lire, d'étudier ou de travailler, nous sommes déjà les meilleurs, alors que les Russes, eux, ne sont que des ivrognes et des criminels !

« Je suis un Odessite de quatrième génération. Je n'ai à prouver à personne mon appartenance à cette ville et à ce pays. J'adore l'Ukraine. Mon père est un Ukrainien de souche. Je ne veux pas de la Russie, je ne veux pas d'une fédéralisation du pays. Je crois que nous pouvons subvenir à nos propres besoins. Nous avons des ressources. Mais notre malheur, c'est que cette révolution n'a fait que chasser du pouvoir des voleurs pour en installer d'autres. Le Maïdan s'est soulevé parce que Ianoukovitch ne voulait plus prendre le chemin de l'Europe. Certains n'avaient besoin que d'un prétexte comme celui-là pour le renverser par la force. Si on avait attendu huit mois, il y aurait eu une élection présidentielle et on aurait pu voter pour quelqu'un d'autre. La révolution a créé un précédent. Elle a démontré qu'avec des pierres, des cocktails Molotov et des armes, on pouvait obtenir le pouvoir. Depuis, la boîte de Pandore est ouverte. S'il est possible de faire cela à Kiev, alors pourquoi pas à Donetsk ou à Lougansk ? Je pense que cette guerre a été déclenchée intentionnellement. Pourquoi l'une des premières lois adoptées après la révolution a-t-elle concerné les langues officielles ? Pourquoi faire ça ? Pourquoi ne pas avoir plutôt dit : « Une nouvelle Ukraine s'est levée. Nous sommes tous des frères et sœurs, d'est en ouest, du nord au sud. Travaillons ensemble ! » Plusieurs députés sont des gens d'affaires prospères. Ils ne sont pas stupides. Ils ont jugé qu'il fallait proposer cette loi pour provoquer la guerre.

« Je me souviens du premier mort sur le Maïdan. C'était une tragédie nationale. Tout le monde pleurait. Aujourd'hui, on annonce régulièrement la mort de dix ou trente civils innocents la même journée. Et nous considérons cela comme normal. Plus personne ne pleure. En plus, les victimes sont considérées différemment selon qu'elles meurent en zone séparatiste ou dans celle sous contrôle ukrainien. Quand un bus est soufflé par une explosion à Volnovakha, on décrète un deuil national. Mais quand les passagers d'un trolleybus sont tués à Donetsk, on ne fait rien. Nous considérons pourtant tous ces gens comme nos concitoyens. Nous prétendons que c'est notre territoire. Alors pourquoi ce deux poids deux mesures ? Personne ne se pose ce genre de questions.

« Quand Ianoukovitch a renoncé à l'accord d'association avec l'Union européenne, Genia et moi pensions que ce n'était pas la bonne décision. Nous savions qu'il fallait nous rapprocher de l'Europe. Mais en même temps, nous savions qu'il fallait aussi préserver notre relation avec la Russie. Pour l'instant, sans la Russie, l'Ukraine ne peut pas survivre. Notre niveau de développement est plus près de celui des Russes que de celui des Européens. L'idée d'intégrer l'Europe est irréaliste aujourd'hui. Beaucoup d'Ukrainiens travaillent là-bas, mais avec leurs mains, dans des restaurants ou sur des chantiers de construction. L'Europe n'a pas besoin de sauvages affamés comme nous. Il nous faut commencer par bâtir des infrastructures ici, nous adapter aux normes européennes. Je me considère comme un homme éduqué. Je vais souvent en Europe. Mais même moi, j'aurais besoin d'être dompté. Je suis habitué de ne pas payer pour les stationnements par exemple, de me garer n'importe où. Je ne suis pas prêt à être européen. L'Ukraine n'est pas prête à l'être non plus.

« Sous Ianoukovitch, ça allait très mal. Maintenant, ça va encore pire. Sauf que sous sa gouverne, il n'y avait pas de guerre, pas de régions séparatistes. Les Ukrainiens ne mouraient pas au front. La Crimée était ukrainienne. Je pouvais y aller avec ma famille. Ianoukovitch était un voleur. Son clan d'oligarques et lui faisaient main basse sur les richesses du pays. La majorité des Ukrainiens le détestaient. Mais le dollar était à huit hryvnias. Un retraité recevait deux cents dollars par mois. Un nouveau régime a pris sa place. Le dollar est tombé à vingt-deux, vingt-trois hryvnias. Les oligarques sont toujours au Parlement. Rien n'a changé. Aujourd'hui, tout le monde a peur du lendemain. Tout le monde se dit : "Ça va mal, mais prions pour que ça reste comme ça, pour que ça n'empire pas encore."

« En Afrique, Genia et moi remplissions des conteneurs d'épices pour les expédier au port d'Odessa. Nous les vendions ensuite en gros. Le nouveau gouvernement vient d'imposer une taxe rétroactive sur l'importation. Avec la fluctuation du dollar, la perte de nos clients dans les régions séparatistes et en Crimée et la chute du pouvoir d'achat, ce commerce n'est plus rentable. D'ici la fin de l'année, je vais probablement fermer la compagnie. Je ne vois pas de lumière au bout du tunnel. J'ai cinquante-huit ans. J'ai vécu une bonne vie. J'ai élevé un fils merveilleux. J'ai une fille de trois ans et demi, Taïssa. La fille de Genia, Macha, en a onze. Je ne vois pas d'avenir pour elles en Ukraine. Elles apprennent l'anglais de manière intensive. Je veux qu'elles aillent étudier en Lituanie, au Canada, en Angleterre. N'importe où, mais pas en Ukraine. Il n'y a rien à faire ici. Les gens gagnent à peine cinquante dollars par mois. On dit que c'est à cause de la guerre, de Poutine. Oui, Poutine est en partie coupable, mais nous le sommes aussi.

« Je rêve de mon fils chaque nuit. Il m'arrive d'oublier où j'ai placé des documents, d'égarer mes clés, mais je pourrais raconter en détail chaque scène de ces rêves. Dans chacun d'eux, je le vois vivant, jamais mort. Il me sourit. Je n'arrive pas à éteindre mon cerveau, à l'oublier. D'un côté, c'est une chance de pouvoir *rencontrer* mon fils chaque nuit, mais de l'autre, c'est une douleur perpétuellement ravivée. »

.

Louka Losinski paie la note avant que je puisse sortir mon portefeuille. Il repart avec son deuil, sa résilience et l'intime conviction que tant que les vainqueurs de la révolution nieront leur part de responsabilité dans la tragédie actuelle, la fragmentation de l'Ukraine ne pourra que se poursuivre.

Chapitre 17
L'ANGLE MORT

De retour à Kiev, je rencontre la crème de l'intelligent-sia ukrainienne. Si j'habitais ici, Tyoma, j'espérerais pouvoir compter ces gens parmi mes connaissances ou même mes amis. Ils sont jeunes, intelligents, cultivés, branchés, savants, honnêtes, ouverts sur le monde. Ils parlent des langues étrangères, voyagent, écrivent des livres. Ils ont fait la révolution et continuent de se battre pour éradiquer la corruption qui gangrène l'économie de votre pays et les esprits de vos concitoyens. Ils ne cherchent pas à s'enrichir personnellement en profi-tant de leur position. Ils croient en la justice, l'équité, la démocratie, les libertés individuelles et veulent que chaque Ukrainien puisse en jouir autant qu'eux. Je les écouterais durant des heures discourir et débattre autour d'un verre de vin ou d'une bière, chercher des solutions pour réinventer l'État et le sortir de son marasme postsoviétique. Ils sont l'incarnation de ce que la Révolution de la dignité a apporté de mieux à l'Ukraine. Ils sont l'espoir d'un réel changement et la force vive qui s'affaire à le concrétiser.

Et pourtant.

Dès que j'aborde avec eux les causes de ta mort, de la guerre dans le Donbass et de la désaffection de ses

habitants, ils enfilent des œillères. Ils sont soudainement intransigeants, manichéens, ignorants même.
Leur indignation devient sélective. Leurs capacités
d'empathie, de discernement et d'autocritique s'ar-
rêtent là où la ligne de front commence, là où l'intégrité
territoriale de *leur* pays est remise en question.

.

Iryna Slavinska est journaliste, traductrice, auteure
et présentatrice à la radio. Dans un café de Kiev, elle
passe beaucoup de temps à me parler de ce qui, à ses
yeux, constitue la réussite principale de la révolution :
la formation d'une authentique société civile. Elle me
raconte avec enthousiasme comment des dizaines de
milliers de vos concitoyens ont spontanément donné
de leur temps et de leur énergie pour bâtir une nouvelle
Ukraine. Ils l'ont fait indépendamment des partis politiques et sans attendre un quelconque bénéfice matériel de cette implication. « Ce sont des mouvements
horizontaux, sans hiérarchie. Ceux qui ont commencé
à travailler dans les cuisines du Maïdan, par exemple,
s'occupent aujourd'hui d'envoyer de la nourriture
aux soldats dans les zones de combat. C'est le genre
de mouvement de bénévoles qui va perdurer après la
guerre, j'en suis convaincue. » À l'intérieur des minis-
tères, m'explique-t-elle, des groupes citoyens agissent
comme éléments de contrepouvoir pour empêcher

les bureaucrates de reprendre leurs mauvaises habitudes. Ils les forcent à rendre des comptes au public. L'Ukraine s'est soulevée et elle n'a pas l'intention de laisser sa révolution être usurpée encore une fois. Et c'est tant mieux.

Iryna a participé à ces réussites. Elle est confiante. En fait, elle croit que si ce n'était de « l'invasion russe », l'Ukraine post-révolutionnaire serait unie et rien ne pourrait l'arrêter sur son chemin vers l'Europe. Pour elle, il n'y a pas d'autre explication à la fragmentation du pays que celle de l'ennemi extérieur.

« Ce conflit dans le Donbass est d'origine artificielle. Au départ, les revendications des protestataires anti-Maïdan étaient d'ordre social. Leurs leaders disaient être contre les oligarques et défendre les mineurs et les retraités. Ils n'évoquaient pas la question de la langue russe. Bon, peut-être un peu, mais l'idée générale, c'était que la vie serait meilleure si un Poutine imaginaire venait augmenter les allocations de retraite et les salaires. Mais de toute façon, le jour où une armée étrangère envahit une ville, la question de la loi sur les langues n'a plus rien à voir avec ce qui se passe. »

Pour Iryna, les craintes des russophones de l'Est et de Crimée étaient et demeurent futiles. Après tout, rappelle-t-elle, les ultranationalistes qui cherchaient à limiter leurs droits ont toujours été ultraminoritaires et n'ont obtenu qu'une poignée de sièges dans le nouveau Parlement. L'abolition de la loi sur les langues n'a pas été entérinée par le président intérimaire. C'est la propagande russe qui a instrumentalisé cet enjeu. Le Kremlin voulait miner la révolution et diviser le pays afin que les régions qu'il convoitait lui tombent dans les mains comme un fruit mûr.

Iryna n'est pas paranoïaque. Elle a raison quand elle dit que les peurs principales des russophones à l'égard du nouveau gouvernement ne se sont pas concrétisées. Les voix de la raison ont fini par avoir le dessus sur celles des extrémistes. Or, ce qu'elle ne réalise pas, c'est que personne ne s'est chargé d'aller dans le Donbass et en Crimée pour dissiper cette méfiance en bonne partie injustifiée. Personne n'a cherché à bâtir de pont. Ce sont moins les divergences en soi qui ont provoqué la crise que le manque de communication. Les vainqueurs ont été arrogants. Un simple dialogue, ou même un monologue de leur part, aurait montré que les positions des majorités d'un côté et de l'autre n'étaient pas si éloignées que certains – les propagandistes russes en premier lieu – voulaient le laisser croire.

Iryna n'arrive pas à voir en quoi la révolution a failli. Elle ne saisit pas comment deux solitudes ont pu interpréter différemment les mêmes événements et les intentions de l'autre. Elle n'est pourtant pas du genre à éviter les discussions difficiles. S'il y a des gens à Kiev qui auraient pu écouter les doléances de l'Est et de la Crimée, ce sont bien Iryna et ses collègues.

Sur les ondes de leur radio, ils critiquent les mauvaises décisions du nouveau pouvoir autant qu'ils saluent ses bons coups. Ils sont à l'avant-garde du changement post-révolutionnaire. Ils poussent le débat vers le haut, donnent le crachoir aux représentants de toutes les forces sociales et politiques. Mais quand vient le temps de parler de la guerre, d'essayer de la comprendre et de l'expliquer, les portes de leur esprit se referment. « On ne donne pas la parole aux terroristes », tranche Iryna. Qu'ils soient leader rebelle ou grand-mère désemparée face aux bombardements ukrainiens sur son village, ils ne veulent pas les entendre. Par principe, ils n'écouteraient pas ton père blâmer les forces ukrainiennes pour ta mort. Ils ne veulent pas connaître son raisonnement, comprendre comment il a pu passer de la neutralité à la haine envers Kiev à cause d'une ogive tirée négligemment sur sa maison. Les séparatistes et tous ceux qui les appuient de près ou de loin sont le Mal. Ton père est le Mal.

À l'instar de la majorité des Ukrainiens, Iryna ne considérera ce conflit comme terminé que lorsque l'armée aura reconquis tous les territoires aujourd'hui rebelles. Or, si ce jour arrive, le gouvernement devra convaincre tous ces citoyens ukrainiens qui se sont retrouvés de gré ou de force du mauvais côté de la ligne de front de lui pardonner de les avoir bombardés durant des mois pour les « libérer » ; il devra convaincre tes parents de lui pardonner de t'avoir tué, leur jurer qu'il n'y avait pas d'autre solution et qu'il y a encore une place pour eux dans cette Ukraine réunifiée.

Pour l'instant, cette perspective semble lointaine. Et Iryna préfère contribuer à l'effort de guerre plutôt que de préparer le terrain à la réconciliation.

— Quand des tirs ukrainiens tuent des civils, est-ce que vous le mentionnez à la radio ?

— L'armée ukrainienne dit qu'elle ne tire que pour répliquer. Quand on parle des bombardements, on précise le nom du village où ils ont eu lieu et le nombre de victimes. De la rédaction à Kiev, je n'ai pas les moyens de vérifier l'origine exacte des tirs. Quand je suis présentatrice, je préfère ne pas mentir. Je ne donne pas une information que je ne connais pas.

— Réagissez-vous de la même façon quand l'inverse se produit ? Avez-vous dit, par exemple, que l'attaque sur Marioupol était un attentat terroriste ou que l'origine du tir était indéterminée ?

— Quand tu es en direct ce jour-là, il est difficile de ne pas utiliser le mot « terroriste ». Ça m'est arrivé. Je qualifie souvent les rebelles de terroristes. Mais c'est mon avis personnel. Dans notre rédaction, nous n'avons pas de règles à ce sujet.

J'aimerais pouvoir te dire qu'Iryna, la gentille Iryna, la brillante Iryna, s'est indignée autant de ta mort que de celle d'Anatoli Ivanovitch dans le bus de Volnovakha. J'aimerais te dire qu'elle a cru pour une seconde que la fin ne justifiait pas tous les moyens. Mais non. Elle a fait comme on fait à la guerre. Elle a regardé droit devant, sans jeter un coup d'œil à l'angle mort de ses convictions, et elle a continué de haïr ceux qu'elle refuse d'écouter.

Je sais, Tyoma, je suis dur avec Iryna, mais c'est parce que s'il y a un espoir de paix, il passe par des gens comme elle, plutôt que par ces brutes qui prennent plaisir à larguer des bombes sur la maison des autres.

.

Attablé à un restaurant italien du centre-ville, Serhiy Lechtchenko passe plus d'une heure à gribouiller des chiffres et des visages sur son napperon. Il m'explique en long et en large comment le clan Ianoukovitch a orchestré la division de l'Ukraine à des fins politiques durant la dernière décennie. Durant des années, l'ex-journaliste d'enquête à l'*Oukraïnska Pravda* s'est évertué à débusquer les manigances du pouvoir et à dénoncer ses liens avec Moscou. Quelques mois après la révolution, il s'est lancé en politique afin de s'assurer que les changements qu'il a tant espérés se concrétisent. Autant dire qu'il s'est lancé pour les bonnes raisons. « Je n'aime pas la politique. Comme député, je gagne quatre mille huit cent quarante-six hryvnias par mois. C'est l'équivalent de trois cents dollars. La politique n'est pas payante si tu n'es pas corrompu. » Depuis son élection au Parlement, Serhiy lutte contre la corruption, révèle les combines des oligarques proches du pouvoir et s'attaque aux abus de toutes sortes. Il connaît sur le bout des doigts chacun des dossiers politiques chauds du pays. Sauf le conflit dans l'Est. À ce sujet, son raisonnement se réduit à un mot : Poutine. Comme Iryna, il rejette toute possibilité de désaffection des habitants de ces régions à la suite des décisions revanchardes prises par le Parlement dans les premières heures post-révolutionnaires.

À la fin de l'entretien, l'ancien journaliste inverse nos rôles et se met à m'interroger sur mon séjour en territoire séparatiste. Il n'est pas allé dans le Donbass depuis des années et il lui est désormais interdit d'y mettre les pieds. « Alors, c'est comment là-bas ? D'où vient ce Zakhartchenko au juste ? Qu'est-ce qu'il veut exactement ? Une fédéralisation ? L'autonomie ? » Serhiy sait que la guerre est d'une importance capitale pour l'avenir de son pays. Mais visiblement, il ne s'y est pas intéressé outre mesure jusqu'à maintenant. Il était occupé à bâtir une nouvelle Ukraine, un État dont l'existence – ou du moins l'intégrité territoriale – est pourtant directement menacée par ce qui se passe dans l'Est. Pour lui, la guerre est un problème à part. Même si elle se déroule à l'intérieur des frontières du pays et même si elle concerne des millions de ses concitoyens, il la traite comme une affaire extérieure, entre l'Ukraine et la Russie.

·

Deux jours plus tard, quand l'historien Volodymyr Via-
trovitch me dit que « les Ukrainiens sont plus divisés par
les mythes entourant leur histoire que par leur histoire
en soi », j'ai brièvement l'impression d'avoir trouvé une
voix de la raison. Le directeur de l'Institut de la mémoire
nationale est bien placé pour savoir que, dans un conflit,
les différentes versions du passé sont des armes qu'il
faut manier avec soin, des justificatifs pour tout et son
contraire. Mais rapidement, je comprends que comme
les autres, il préfère manipuler son arme plutôt que d'en
dénoncer les mauvaises utilisations. « Prenons Stepan
Bandera. À l'Est, on dit que c'était un collaborateur des
nazis, mais il a été longtemps interné dans les camps alle-
mands. On dit qu'il était antisémite, or ce n'est qu'une
invention soviétique. De l'autre côté, on a le camarade
Artyom. Lui, c'était un terroriste bolchevik qui s'est battu
contre l'État ukrainien. On ne peut pas accepter qu'il soit
reconnu comme un héros, même à un niveau local, et
qu'une rue à Donetsk continue de porter son nom. »

Volodymyr a participé activement à l'Euromaïdan.
Sous l'ancien régime, il avait perdu son emploi aux
archives nationales. Il faisait trop de vagues pour les
tenants du *statu quo*. Au lendemain de la révolution,
il a été nommé directeur de l'Institut. Son prédéces-
seur sous Ianoukovitch était « un vieux communiste
qui faisait tout comme il faut », dit-il. C'est maintenant

à son tour de faire tout comme il faut. L'Ukraine avait des héros : des Soviétiques qui avaient tué ou fait tuer des Ukrainiens. Volodymyr se charge de les remplacer par d'autres : des nationalistes, qui ont aussi tué ou fait tuer des Ukrainiens.

.

Parmi les intellectuels que je rencontre à Kiev, une seule ose regarder dans l'angle mort de la révolution. « Tout de suite après le renversement de Ianoukovitch, les nouveaux dirigeants auraient dû faire un voyage symbolique dans le Donbass pour rassurer les gens. Là-bas, la révolution n'a pas été comprise. » La politologue Maria Zolkina est aussi fervente que les autres dans son appui à l'Euromaïdan. Elle a passé des jours et des nuits sur la place à revendiquer une nouvelle Ukraine. Ce qui la distingue des autres : elle est originaire de Lougansk. Elle sait que sa ville natale aurait eu besoin d'être écoutée et mise en confiance pour éviter qu'elle se sente menacée par le nouveau pouvoir aux accents nationalistes. Et elle a tout de suite vu qu'il ne s'agissait pas d'une priorité pour les vainqueurs.

.

Au Centre d'étude des politiques publiques, entre une analyse des conséquences du conflit sur l'économie et les perspectives d'intégration des industries ukrainiennes au marché européen, l'économiste Vasil Povoroznyk met inconsciemment le doigt sur un autre bobo : « Quand les gens du Donbass disent qu'on ne les écoute pas, ils oublient qu'ils ont été au pouvoir durant les quatre années de règne de Ianoukovitch. Durant cette période, ils étaient les seuls que le régime écoutait. » Voilà, c'est dit. L'indifférence des révolutionnaires à l'égard des revendications de leurs concitoyens de l'Est n'était autre qu'un acte de vengeance. Une vengeance peut-être satisfaisante sur le coup, mais qui coûte aujourd'hui cher à tout le monde.

.

Pour les remises en question, on peut rarement compter sur les militaires. Igor Lapine a été soldat dans l'armée soviétique, puis la russe et finalement l'ukrainienne. Il a ensuite pratiqué le droit durant dix-sept ans. Quand l'Est s'est enflammé, il a repris du service dans le bataillon Aïdar, l'une de ces milices populaires qui agissent comme des forces parallèles à l'armée régulière. Son héroïsme lui a valu d'être élu député en octobre 2014. Je l'interviewe dans le hall du parlement, durant une pause à la session en cours.

— Que faire pour régler le conflit ?

— Arrêter l'agresseur. Se battre. Quoi d'autre ? Certains pensaient qu'il suffirait d'abandonner la

Crimée aux Russes et qu'ensuite ils se calmeraient. Se sont-ils calmés ? Non. Ils ont continué jusqu'à Donetsk et Lougansk. Si on les laisse faire, bientôt, ils viendront jusqu'à Kiev.

— Que pensez-vous des gens qui sont restés dans les zones séparatistes ?

— Certaines personnes sont tellement liées à leurs biens matériels qu'elles refusent de partir. Elles sont prêtes à vivre dans un sous-sol, tout en sachant que leur maison pourrait être bombardée à n'importe quel moment. Ceux qui appuient les séparatistes font partie d'une autre catégorie. Ce sont des traîtres à notre pays. Ils comptent sur la Russie pour les sauver. Puis il y a une dernière catégorie : ceux qui ne savent même pas que le gouvernement les aidera à s'enfuir s'ils le désirent. Je les plains.

— Comment les convaincre de partir ou de se soulever contre les rebelles, alors ?

— Il faut leur couper les vivres. Arrêter de payer les pensions, les salaires. Parce que les gens repus ne s'insurgent pas. S'ils n'ont rien à manger, ils prendront les armes contre les séparatistes. Il n'y a pas d'autres moyens.

Affamer des innocents pour qu'ils se révoltent. Voilà où en est rendu ton pays, Artyom. Peu importe si cette stratégie a maintes fois prouvé sa contre-productivité ; peu importe si là où elle a été utilisée, elle a plutôt poussé le peuple à soutenir le pouvoir en place, le seul qui continuait à le nourrir.

Le bâton est tentant. Il paraît plus efficace que la carotte. Mais la torture engendre rarement la sympathie du supplicié.

Chapitre 18
DE L'IMPRÉVISIBILITÉ DU PASSÉ

Un samedi matin de février, au cimetière Lytchakiv de Lviv, dans l'extrême-occident du pays. Quelques familles se recueillent devant des monticules de terre recouverts de couronnes de fleurs. « Genia... Genia... », gémit une femme en s'éloignant de la photo du soldat qui devait être son mari. Depuis le début des hostilités dans l'Est, le vieux cimetière a vu s'ajouter une trentaine de nouvelles tombes de militaires aux centaines qu'il comptait déjà. Et il y a encore de la place pour plusieurs.

Le front est à plus de mille kilomètres d'ici. Les bombes ne se rendent pas jusqu'à Lviv. Mais, au fil des mois, des milliers de Lvivois se sont rendus jusqu'aux bombes. Volontaires dans les bataillons ou conscrits dans l'armée régulière, ils sont allés défendre *leur* Ukraine contre l'invasion étrangère et l'implosion. Plusieurs d'entre eux avaient commencé la lutte sur le Maïdan. Ils s'y étaient rendus pour y tenir des pancartes, puis des briques, des pierres, des bâtons, des cocktails Molotov et, ultimement, des fusils. Certains des révolutionnaires les plus radicaux étaient originaires de Lviv, le berceau du nationalisme ukrainien. Quand la situation s'est envenimée dans le Donbass, aller au front n'était pour eux que la suite logique de leur engagement.

Depuis, plusieurs sont revenus à l'ouest les pieds devant. Dans le secteur du cimetière réservé aux *Défenseurs de Lviv*, un nouveau lot a été ouvert pour eux.

En théorie, ces patriotes devraient avoir l'honneur de reposer à Lytchakiv à jamais, aux côtés des autres héros qui ont marqué l'histoire de la ville. Mais on ne peut jamais être certain de ce que l'avenir réserve aux morts des guerres antérieures. Ce cimetière en sait quelque chose. En vingt-trois décennies d'existence, il a tout vu : inhumation, exhumation, profanation, réinhumation, destruction, reconstruction. C'est ce qui arrive quand on se trouve, comme Lviv, au carrefour des empires. Les dominateurs du moment dictent non seulement votre présent, mais aussi votre passé. Ils décident des morts à glorifier et de ceux à oublier.

Lorsque les Polonais ont repris Lviv aux mains des Austro-Hongrois à la fin de la Première Guerre mondiale, ils ont fait disparaître les tombes des soldats de ceux-ci pour enterrer leurs hommes tués durant la reconquête. À la fin de la Seconde Guerre, quand les Soviétiques ont « libéré » la ville, les militaires polonais ont à leur tour été délogés de Lytchakiv. Leurs tombes ont été rasées et le site a été transformé en dépôt de camions. À l'indépendance de l'Ukraine, le nouveau pouvoir n'a pas déplacé les sépultures des soldats de l'Armée rouge, mais les a épurées de toute référence glorieuse. Les partisans de l'Armée d'insurrection ukrainienne de Stepan Bandera, qui avaient combattu les Soviétiques, ont, quant à eux, enfin trouvé une place dans le cimetière.

Aujourd'hui, parmi les *Défenseurs de Lviv*, on retrouve quelques centaines de croix en béton parfaitement alignées. Elles sont récentes, même si toutes les dates de décès inscrites se situent entre 1918 et 1920. Une plaque explique la discordance :

> Nous, présidents d'Ukraine et de la République de Pologne, en inaugurant ce monument commémorant les soldats de l'Armée ukrainienne de Galicie et les sépultures des militaires polonais des années 1918-20 dans le cimetière Lytchakiv, cherchons à raffermir l'harmonie ukraino-polonaise au nom d'une maison européenne commune, et nous prononçons solennellement pour la réconciliation historique et l'entente entre nos peuples.
>
> Président d'Ukraine
> *Viktor Iouchtchenko*
>
> Président de la République de Pologne
> *Aleksander Kwaśniewski*
>
> -
>
> 24 juin 2005

Il aura fallu une décennie et demie de postcommunisme aux deux pays pour s'entendre sur un semblant de passé commun. Entre 1918 et 1920, il y eut deux guerres en Galicie. D'abord, les Ukrainiens, cherchant à profiter de la chute de l'Empire austro-hongrois pour obtenir leur indépendance, se battirent contre les Polonais. Ceux-ci voulaient redevenir les maîtres de cette région qu'ils avaient jadis contrôlée. Les Ukrainiens furent écrasés. Ensuite, quand les bolcheviks essayèrent à leur tour de conquérir la Galicie, les Polonais les repoussèrent. En deux ans, les Polonais jouèrent donc successivement les rôles d'envahisseurs et de protecteurs contre des envahisseurs encore pires qu'eux aux yeux des Ukrainiens.

Aujourd'hui, les relations polono-ukrainiennes sont bonnes. La domination polonaise d'alors est perçue à Lviv comme un moindre mal. Faute de pouvoir s'entendre sur tous les détails, on s'entend au moins sur l'ennemi commun : les Russes. La réécriture du passé sert à donner des assises aux amitiés et inimitiés du présent. La « réconciliation historique » consiste à rendre leurs lettres de noblesse à ces soldats morts il y a un siècle dans des circonstances controversées.

•

Le lendemain, je me rends au Musée d'histoire de Lviv pour découvrir la lecture actuelle qu'on fait de ce passé trouble. Dans la première salle consacrée à l'histoire du XXᵉ siècle, je bute sur un mot dans une note explicative :

> Le 1er novembre 1918, le Comité militaire central présidé par Dmytro Vitovsky, un centurion des Fusiliers de Sitch, a orchestré un coup d'État à Lviv, conduisant à la prise du pouvoir dans la ville par les Ukrainiens, et provoquant une révolte des <u>forces</u> polonaises qui revendiquaient la Galicie.

Je remarque que, curieusement, « forces » a été ajouté au texte à l'aide d'une bandelette de papier. En observant de plus près, je constate que le mot original qu'il est venu remplacer est toujours déchiffrable derrière : « chauvinistes ». C'est donc ainsi qu'on qualifiait encore récemment ces mêmes soldats qui viennent de retrouver leur place glorieuse dans le cimetière Lytchakiv et, du même coup, dans l'histoire de Lviv.

Si jamais les relations polono-ukrainiennes se détériorent, il suffira d'enlever une bandelette de papier.

.

Que diront de toi les livres d'histoire dans dix, vingt ou cent ans, Tyomotchka ? De qui auras-tu été la victime ? De quoi ? Ta mémoire sera-t-elle ballottée elle aussi d'une version de l'histoire à l'autre au gré des alliances et des conflits ?

Un jour, les manuels scolaires de l'Ukraine réunifiée diront peut-être que tu as été tué par « l'agresseur russe et ses collaborateurs terroristes » durant « l'occupation du Donbass », avant sa « libération » par les « forces patriotiques ukrainiennes ». Ou sinon, ce seront les livres d'histoire de la « République de *Novorossia* » qui te présenteront comme l'une des « victimes de la politique génocidaire du régime fasciste ukrainien contre les russophones » au moment de la « guerre d'indépendance du Donbass ». Dans un cas comme dans l'autre, les circonstances réelles de ta mort n'auront que peu d'influence sur sa place dans l'Histoire. On t'enterrera dans une fosse commune mémorielle au nom de l'une ou l'autre des versions, en fonction du vainqueur. Dans le meilleur des scénarios, les combattants feront match nul et tu seras reconnu comme l'une des trop nombreuses victimes de « la folie des hommes ». Ils diront qu'il ne faut « plus jamais » qu'une telle « tragédie nationale » se reproduise. Personne ne sera jugé pour ta mort, mais ce sera le prix à payer pour empêcher que seuls les perdants aient à répondre de leurs crimes. Crois-moi, mon cher Artyom, c'est vraiment le mieux que l'avenir ait à t'offrir. Autrement, tu t'exposes à une instrumentalisation éternelle de ta mémoire ; à servir un jour de carburant à la haine des uns contre les autres et, le lendemain, à celle des autres contre les uns.

Dans ce cas, ne vaut-il pas mieux être mort pour rien ?

À CAUSE DU SAPIN

Je sais maintenant
qu'il n'y a pas de bonheur dans la haine.

ALBERT CAMUS

Je suis sur le point de quitter l'Ukraine. J'y suis depuis un mois. Tu es mort il y a trois semaines. J'appelle ton père pour prendre des nouvelles. Il est à l'hôpital, avec ta mère et ton frère. Les médecins ont pu sauver l'œil de Micha. « Des éclats d'obus se sont logés dans sa tête, mais il se souvient de tout. Il n'a jamais perdu connaissance. J'ai attendu avant de lui annoncer, mais maintenant il sait que son petit frère est mort. » Ta mère, elle, essaie de s'habituer à son membre fantôme, confie ton père. « Imaginez, trente ans avec deux jambes, puis on vous en coupe une. »

La fonderie lui a offert une chambre dans l'une de ses résidences. Mais la rue où elle se trouve a été bombardée récemment. Il préfère encore dormir à l'hôpital. Ces derniers jours, le fier travailleur qu'il est a tout de même dû se résoudre à accepter l'aide matérielle que lui ont proposée des organisations humanitaires. « Avant, je ne voulais rien recevoir de personne. Je m'en sortais par moi-même. Je me disais que d'autres en avaient plus besoin que moi. Maintenant, je ne peux rien refuser. Je n'ai plus rien. »

Ta mort a eu des répercussions médiatiques que ton père a endurées avec peine. « On a écrit qu'après ce qui est arrivé, j'ai voulu me joindre aux rebelles. Ce n'est pas vrai. Je ne pourrais pas faire partie d'une armée parce que je ne serais pas capable de tuer des gens. » Il a aussi vu sur Internet la photo que j'ai prise de toi dans ton cercueil, les Grad en arrière-plan. Il ne l'a pas appréciée. Je n'ose pas lui dire qu'elle est de moi. Journalistiquement parlant, j'estime qu'elle était appropriée. Mais à sa place, je ne l'aurais pas aimée non plus. Les lance-roquettes désacralisent ta mort, la politisent, diluent le deuil de ton père dans un contexte plus large et plus complexe. Lui, il a assez de son deuil à gérer.

Cette photo a beaucoup circulé après que je l'ai publiée sur les réseaux sociaux. Cependant, ceux qui l'ont partagée ont souvent pris la liberté de modifier la description que j'en faisais pour qu'elle corresponde à leur parti pris. J'y précisais que tu avais été tué « probablement par un tir ukrainien ». *Probablement*, parce que je ne pouvais rien confirmer avec une certitude absolue. Les pro-rebelles ont fait disparaître ma précaution. Les pro-Ukrainiens, eux, ont omis de préciser les circonstances de ton décès, pour pouvoir l'attribuer automatiquement aux séparatistes. Un collègue photographe a lui aussi diffusé des photos de tes funérailles, mais sans les Grad et sans le *probablement*. Non par soutien aux rebelles, mais parce que la logique laissait peu de place à l'erreur, même sans preuves explicites. Le ministère de la Défense ukrainien s'est plaint à l'agence de presse qui avait distribué ces images et a menacé de lui faire des ennuis.

Devant la morgue, en attendant ton corps, ton père m'avait dit qu'aucune cible militaire ne se trouvait dans votre quartier au moment de l'attaque. Au téléphone, je lui mentionne les positions séparatistes que j'ai repérées dans une rue adjacente à la vôtre lorsque je suis allé examiner les ruines de votre maison immédiatement après tes funérailles. « À côté de notre quartier, il y a un terrain vague de 2,5 kilomètres carrés. C'est vrai, l'artillerie rebelle tirait à partir de là. Mais où pourrait-elle se placer sinon pour nous défendre ? Nous sommes en ville. Il y a des zones résidentielles partout. Les rebelles se doivent de répliquer, autrement l'armée ukrainienne rasera Donetsk dans le temps de le dire. Les Ukrainiens auraient pu tirer sur les positions séparatistes dans le terrain vague. Leur attaque aurait été justifiée. Mais ils ont plutôt délibérément bombardé nos maisons, les salauds. » Ton père a fait son choix : les Ukrainiens sont des meurtriers, les rebelles, ses protecteurs. Une façon, peut-être, de donner un sens à ta mort.

Récemment, un fonctionnaire du ministère russe de la Santé l'a contacté. Il lui a dit avoir entendu l'histoire de ta famille à la télé et a promis que ta mère pourrait bientôt être transférée en Russie pour s'y faire soigner aux frais de l'État. Ton père est prêt à déménager là-bas pour de bon avec ce qu'il reste de votre famille. Il est convaincu qu'il saura s'y débrouiller, car il est travaillant et les travaillants trouvent toujours une façon de s'en sortir. Par contre, il exclut catégoriquement d'aller se réfugier dans les régions non rebelles d'Ukraine, un État dont il est pourtant toujours citoyen. « Vous voulez que j'aille me faire achever dans le pays qui a décimé ma famille ? Je ne veux plus jamais être Ukrainien. »

Pour lui, la rupture est consommée. Que les territoires séparatistes soient un jour réintégrés à l'Ukraine ou non, ce pays ne redeviendra pas sa patrie pour autant. Car toi, tu ne pourras jamais *réintégrer la vie*.

.

Je m'envole hors d'Ukraine un dimanche après-midi. Un bout de papier dit que ce soir à minuit, les armes se tairont dans le Donbass.

Dans la nuit de mercredi à jeudi, dans un pays voisin, quatre hommes et une femme ont passé des heures derrière des portes closes à boire du café et à négocier. Le lendemain, ils ont annoncé être arrivés à un accord. Les combats se poursuivraient encore quatre jours, puis l'entrée en vigueur d'un cessez-le-feu les interrompait. Les deux chefs ennemis se sont même serré la main pour l'occasion, sans grande conviction il est vrai.

Ce soir à minuit, il n'arrivera rien. La guerre n'est pas encore prête à mourir. Tout le monde le sait. Mais certains veulent pouvoir dire qu'ils ont au moins essayé de la faire cesser. D'autres en auront profité pour gagner du temps et donner l'illusion qu'ils sont de bonne foi.

Cette fois n'est pas la bonne. Mais un jour, inévitablement, la guerre s'arrêtera, à bout de souffle, de munitions ou de raisons d'être.

Ce jour-là, les Artyom de quatre ans, quatre mois et quatorze jours ne se feront plus voler leur vie par des tirs mal calibrés.

Ce jour-là, je penserai à toi, et à tout ce qui n'aurait jamais dû arriver.

À commencer par le début.

À cause du sapin, la paix fut perdue.
À cause de la paix, l'équilibre fut perdu.
À cause de l'équilibre, l'unité fut perdue.
À cause de l'unité, la péninsule fut perdue.
À cause de la péninsule, l'Est fut perdu.
À cause de l'Est, des milliers de vies furent perdues.

Tout cela pour un simple sapin.

REMERCIEMENTS

À

Zee, pour le passé, le présent, l'avenir ;
Jas, pour la fraternité, la passion, les réflexions ;
Mom et *Pop*, pour la vie, les soins, l'amour ;
Laeti, pour la solidarité, l'affection, le partage ;
Sachenka, pour la justesse, la célérité, l'amitié ;
Bruno, pour les années, la franchise, les mots ;
Tash, *Cath*, *Hum*, pour le vin, l'abri, le courage ;
Henrik, pour le divan, les balades, les rires ;
Renard, pour la vision, l'audace, la confiance ;
et *Mylène*, parce que oui, le phare est puissant.

Merci.

TABLE DES MATIÈRES

AUX ÉDITIONS LA PEUPLADE

FICTIONS

SCALI, Dominique, *À la recherche de New Babylon*, 2015

TURCOT, Simon Philippe, *Le désordre des beaux jours*, 2007

VERREAULT, Mélissa, *Voyage léger*, 2011

VERREAULT, Mélissa, *Point d'équilibre*, 2012

VERREAULT, Mélissa, *L'angoisse du poisson rouge*, 2014

POÉSIE

ACQUELIN, José, Louise DUPRÉ, Teresa PASCUAL, Vìctor SUNYOL, *Comme si tu avais encore le temps de rêver*, 2012

BERNIER, Mélina, *Amour debout*, 2012

CARON, Jean-François, *Des champs de mandragores*, 2006

DAWSON, Nicholas, *La déposition des chemins*, 2010

DULUDE, Sébastien, *ouvert l'hiver*, 2015

DUMAS, Simon, *La chute fut lente interminable puis terminée*, 2008

GAUDET-LABINE, Isabelle, *Mue*, 2011

GAUDET-LABINE, Isabelle, *Pangée*, 2014

GILL, Marie-Andrée, *Béante*, 2012

GILL, Marie-Andrée, *Béante (réédition)*, 2015

GILL, Marie-Andrée, *Frayer*, 2015

GRAVEL-RENAUD, Geneviève, *Ce qui est là derrière*, 2012

LUSSIER, Alexis, *Les bestiaires*, 2007

NEVEU, Chantal, *mentale*, 2008

NEVEU, Chantal, *coït*, 2010

OUELLET TREMBLAY, Laurance, *Était une bête,* 2010

OUELLET TREMBLAY, Laurance, *salut Loup!,* 2014

OUELLET TREMBLAY, Laurance, *Était une bête (réédition),* 2015

SAGALANE, Charles, [29]*carnet des indes,* 2006

SAGALANE, Charles, [68]*cabinet de curiosités,* 2009

SAGALANE, Charles, [51]*antichambre de la galerie des peintres,* 2011

SAGALANE, Charles, [47]*atelier des saveurs*, 2013

TURCOT, François, *miniatures en pays perdu,* 2006

TURCOT, François, *Derrière les forêts,* 2008

TURCOT, François, *Cette maison n'est pas la mienne,* 2009

TURCOT, François, *Mon dinosaure,* 2013

TURCOT, Simon Philippe, *Renard,* 2015

RÉCIT

APOSTOLIDES, Marianne, *Voluptés*, 2015

CANTY, Daniel, *Les États-Unis du vent*, 2014

LA CHANCE, Michaël, *Épisodies*, 2014

LAVOIE, Frédérick, *Allers simples : Aventures journalistiques en Post-Soviétie*, 2012

LAVOIE, Frédérick, *Ukraine à fragmentation*, 2015

HORS SÉRIE

CANTY, Daniel, Caroline LONCOL DAIGNEAULT, Chantal NEVEU, Jack STANLEY, *Laboratoire parcellaire*, 2011

DUCHARME, Thierry, *Camera lucida : entretien avec Hugo Latulippe*, 2009

INKEL, Stéphane, *Le paradoxe de l'écrivain : entretien avec Hervé Bouchard*, 2008

GRANDS CAHIERS

LÉVESQUE, Nicolas, *Lutte*, 2013

UKRAINE À FRAGMENTATION

Ukraine à fragmentation est le soixantième titre
publié par La Peuplade, fondée en 2006
par Mylène Bouchard et Simon Philippe Turcot.

Design graphique et mise en page
Atelier Mille Mille

Révision linguistique
Judy Quinn

Correction d'épreuves
Vicky Gauthier

Couverture
Atelier Mille Mille

Photographie de Frédérick Lavoie, rabat
Sophie Gagnon-Bergeron

Illustration de la carte géographique, pages 6-7
Atelier Mille Mille

Photographie d'Artyom, page 17
Frédérick Lavoie

Ukraine à fragmentation a été mis en page
en Lyon, caractère dessiné par Kai Bernau
en 2009 et en Din Next, caractère dessiné
par Akira Kobayashi en 2009.

Achevé d'imprimer en novembre 2015
sur les presses de l'imprimerie Gauvin à Gatineau
pour les Éditions La Peuplade.